中华人民共和国行业标准

公路养护安全作业规程

Safety Work Rules for Highway Maintenance

JTG H30—2015

主编单位：交通运输部公路科学研究院
批准部门：中华人民共和国交通运输部
实施日期：2015 年 06 月 01 日

人民交通出版社股份有限公司

图书在版编目（CIP）数据

公路养护安全作业规程：JTG H30—2015 / 交通运输部公路科学研究院主编. — 北京：人民交通出版社股份有限公司, 2015.5

ISBN 978-7-114-12234-7

Ⅰ. ①公… Ⅱ. ①交… Ⅲ. ①公路养护—安全规程—中国 Ⅳ. ①U418.1-65

中国版本图书馆 CIP 数据核字（2015）第 094897 号

标准类型：中华人民共和国行业标准
标准名称：公路养护安全作业规程
标准编号：JTG H30—2015
主编单位：交通运输部公路科学研究院
责任编辑：吴有铭　李　农
出版发行：人民交通出版社股份有限公司
地　　址：(100011) 北京市朝阳区安定门外外馆斜街 3 号
网　　址：http://www.ccpcl.com.cn
销售电话：(010) 59757973
总 经 销：人民交通出版社股份有限公司发行部
经　　销：各地新华书店
印　　刷：北京市密东印刷有限公司
开　　本：880×1230　1/16
印　　张：9
字　　数：206 千
版　　次：2015 年 5 月　第 1 版
印　　次：2024 年 5 月　第 14 次印刷
书　　号：ISBN 978-7-114-12234-7
定　　价：90.00 元

（有印刷、装订质量问题的图书，由本公司负责调换）

中华人民共和国交通运输部

公　告

第 16 号

交通运输部关于发布
《公路养护安全作业规程》的公告

现发布《公路养护安全作业规程》（JTG H30—2015），作为公路工程行业标准，自 2015 年 6 月 1 日起施行，原《公路养护安全作业规程》（JTG H30—2004）同时废止。

《公路养护安全作业规程》（JTG H30—2015）管理权和解释权归交通运输部，日常解释和管理工作由主编单位交通运输部公路科学研究院负责。

请各有关单位注意在实践中总结经验，及时将发现的问题和修改意见函告交通运输部公路科学研究院（地址：北京市海淀区西土城路 8 号，邮编：100088），以便修订时研用。

特此公告。

中华人民共和国交通运输部

2015 年 4 月 20 日

交通运输部办公厅　　　　　　　　　　　　　　2015 年 4 月 23 日印发

前　　言

根据交通运输部厅公路字〔2010〕132号《关于下达2010年度公路工程标准制修订项目计划的通知》的要求，由交通运输部公路科学研究院作为主编单位承担《公路养护安全作业规程》（JTG H30—2004）的修订工作。

本规程是对《公路养护安全作业规程》（JTG H30—2004，以下简称"原规程"）的全面修订，经批准后以《公路养护安全作业规程》（JTG H30—2015）颁布实施。

本规程修订遵循布置合理、管控有效、安全可靠、便于实施的原则，体现以人为本、以车为本的服务理念，加强现场安全作业管理，保障公路养护作业人员、设备和车辆运行的安全，提高公路养护安全作业的规范化管理水平。修订后的规程包括14章和两个附录，主要修订了以下内容：

（1）增加了基本规定、四级公路养护作业控制区布置和交通工程及沿线设施养护作业控制区布置等3章。

（2）将原规程特大桥桥面和隧道养护作业控制区布置一章分为桥涵养护作业控制区布置和隧道养护作业控制区布置两章，并分别作了修订。

（3）将原规程养护维修安全作业中的共性要求纳入基本规定一章，并将该章名称修改为特殊路段及特殊气象条件养护安全作业，细化了其相关规定。

（4）提出了按作业时间划分公路养护作业类型的方法。

（5）提出了公路养护作业控制区限速方法，修订了最终限速值。

（6）修订了公路养护作业控制区划分及各区段长度，增加了横向缓冲区。

（7）修订并补充了公路养护安全设施种类、功能及布设方法。

（8）引入了高速公路及一级公路养护作业控制区两侧差异化布置，修订并补充了二、三级公路养护作业控制区布置。

（9）修订了平面交叉、收费广场养护作业控制区布置。

本规程由王松根负责起草第1章和第3章，刘振清负责起草第2章和第7章，葛智负责起草第4章，高发亮负责起草第5章，李强负责起草第8章，毕玉峰负责起草第6章，沈忠仁负责起草第10章，杨红旗负责起草第9章，王文俊负责起草第12章，侯德藻负责起草第11章，钟连德负责起草第13章，刘开平负责起草第14章。

请各有关单位在执行过程中，将发现的问题和意见，函告本规程日常管理组，联系人：刘振清（地址：北京市海淀区地锦路9号，邮政编码：100095；电话：010-82364010，传真：010-62375021；电子邮箱：81985179＠qq.com），以便修订时参考。

主 编 单 位：交通运输部公路科学研究院
参 编 单 位：公路养护技术国家工程研究中心
　　　　　　（中公高科养护科技股份有限公司）
　　　　　　山东大学
　　　　　　上海市路政局
　　　　　　山东省交通运输厅公路局
　　　　　　四川省交通运输厅公路局
　　　　　　北京市交通委员会路政局
　　　　　　山西省公路局
主　　　　编：王松根
主要参编人员：刘振清　葛　智　高发亮　李　强　毕玉峰　沈忠仁
　　　　　　　杨红旗　王文俊　侯德藻　钟连德　刘开平
参与审查人员：冯明怀　陈永耀　桂志敬　彭建国　侯晓明　张学志
　　　　　　　董平如　郭忠印　王一如　刘东波　方　靖　勘立军
　　　　　　　罗幸平　贺玉龙　任瑞波　邓春林

目　　次

1　总则

1.0.1　为规范公路养护安全作业，保障养护作业人员、设备和车辆运行的安全，制定本规程。

1.0.2　本规程适用于各等级公路养护作业控制区布置、安全设施布设和安全作业管理。

1.0.3　公路养护作业控制区布置与作业管理应遵循布置合理、管控有效、安全可靠、便于实施的原则，应根据作业时间划分公路养护作业类型，并进行相应的安全作业管理，保障养护安全作业，提高管控区域的通行效率。

1.0.4　公路养护安全作业除应符合本规程的规定外，尚应符合国家和行业现行有关标准的规定。

2 术语和符号

2.1 术语

2.1.1 长期养护作业 long-term maintenance work
定点作业时间大于 24h 的各类养护作业。

2.1.2 短期养护作业 short-term maintenance work
定点作业时间大于 4h 且小于或等于 24h 的各类养护作业。

2.1.3 临时养护作业 temporary maintenance work
定点作业时间大于 30min 且小于或等于 4h 的各类养护作业。

2.1.4 移动养护作业 mobile maintenance work
连续移动或停留时间不超过 30min 的动态养护作业。移动养护作业分为机械移动养护作业和人工移动养护作业。

2.1.5 养护作业控制区 traffic control zone for maintenance work
为公路养护安全作业所设置的交通管控区域，分为警告、上游过渡、缓冲、工作、下游过渡、终止等区域。

2.1.6 警告区 advance warning area
从公路养护作业控制区起点布设施工标志到上游过渡区起点之间的区域，用以警告驾驶人员已进入养护作业区域，按交通标志调整行车状态。

2.1.7 上游过渡区 upstream transition area
保证车辆从警告区终点封闭车道平稳地横向过渡到缓冲区起点侧面非封闭车道之间的区域。

2.1.8 纵向缓冲区 longitudinal buffer area
上游过渡区终点到工作区起点之间的安全缓冲区域。

2.1.9 横向缓冲区 transverse buffer area

布置于纵向缓冲区和工作区与非封闭车道之间,保障养护作业人员和设备横向安全的区域。

2.1.10 工作区 activity area

从纵向缓冲区终点到下游过渡区起点之间的施工作业区域。

2.1.11 下游过渡区 downstream transition area

保证车辆从工作区终点非封闭车道平稳地横向过渡到终止区起点之间的区域。

2.1.12 终止区 termination area

设置于下游过渡区后调整车辆恢复到正常行车状态的区域。

2.1.13 大型载重汽车停靠区 stopping area for heavy truck

设置于桥梁搭板前或隧道入口前,控制大型载重汽车间歇放行或引导通行的停车区域。

2.1.14 逐级限速 variable speed limit

设置两块及以上限速标志,限速值按一定梯度递减的限速方法。

2.1.15 最终限速值 ultimate speed limit

逐级限速中最小的限速值。

2.1.16 封闭车道养护作业 maintenance work with closed lane

封闭一个或多个行车道的各类养护作业。

2.1.17 封闭路肩养护作业 maintenance work with closed shoulder

封闭硬路肩或土路肩的各类养护作业。

2.2 符号

G——工作区长度;

H——纵向缓冲区长度;

H_h——横向缓冲区宽度;

L_j——封闭路肩上游过渡区长度;

L_s——封闭车道上游过渡区长度;

L_x——下游过渡区长度;

Q——作业时段内通行车道的单车道高峰小时交通量 [pcu/(h·ln)]；

S——警告区长度；

v——车辆行驶速度；

W——封闭宽度；

Z——终止区长度。

3 基本规定

3.0.1 公路养护作业可分为长期养护作业、短期养护作业、临时养护作业和移动养护作业，并应根据养护作业类型制订相应的安全保通方案。

3.0.2 长期养护作业应加强交通组织，必要时修建便道，宜采用稳固式安全设施并及时检查维护，加强现场养护安全作业管理；短期养护作业应按要求布置作业控制区，可采用易于安装拆除的安全设施；临时和移动养护作业控制区布置可在长期和短期养护作业控制区基础上，根据实际情况，在保障安全的前提下进行简化。

3.0.3 公路养护作业应在保障养护作业人员、设备和车辆运行安全的前提下，充分考虑养护作业对交通安全保通状况的影响，保障交通通行。

3.0.4 公路养护作业应利用可变信息标志、交通广播、网络媒体、临时性交通标志等沿线设施、信息服务平台，及时发布前方公路或区域路网内的养护作业信息。

3.0.5 公路长期养护作业应组织制订养护安全作业应急预案。当发生突发事件时，应及时启动应急预案。

3.0.6 养护作业前应了解埋设或架设在公路沿线、桥梁上和隧道内的各种设施，并与有关设施管理部门取得联系，采取必要的保护措施。当通航桥梁养护作业影响到航运安全时，应在养护作业前向有关部门通报。

3.0.7 公路养护作业开始前应覆盖与养护安全设施相冲突的既有公路设施，结束后应及时恢复被覆盖的既有公路设施。

3.0.8 公路养护作业未完成前，不得擅自改变作业控制区的范围和安全设施的布设位置。

3.0.9 养护作业人员应按有关规定穿着反光服，佩戴安全帽。交通引导人员尚应符合下列规定：
  1 交通引导人员应面向来车方向，站在可视性良好的非行车区域内。

2 高速公路及一级公路养护作业时，交通引导人员宜站在警告区非行车区域内。

3.0.10 公路养护作业人员必须在作业控制区内进行养护作业。人员上下作业车辆或装卸物资必须在工作区内进行。

3.0.11 过渡区内不得堆放材料、设备或停放车辆。摆放的作业机械、车辆和堆放的施工材料不得侵占作业控制区外的空间，也不得危及桥梁、隧道等结构物的安全。

3.0.12 公路养护安全设施在使用期间应定期检查维护，保持设施完好并能正常使用。用于夜间养护作业的安全设施必须具有反光性或发光性。

3.0.13 夜间进行养护作业应布设照明设施和警示频闪灯，并应加强养护作业的现场管理。

3.0.14 公路养护作业控制区安全设施的布设与移除，应按移动养护作业要求进行。安全设施布设顺序应从警告区开始，向终止区推进，确保已摆放的安全设施清晰可见；移除顺序应与布设顺序相反，但警告区标志的移除顺序应与布设顺序相同。

3.0.15 公路检测宜根据作业时间按相应的养护作业类型布置作业控制区，并应加强现场检测作业管理。

4 公路养护作业控制区

4.0.1 公路养护作业控制区应按警告区、上游过渡区、纵向缓冲区、工作区、下游过渡区和终止区的顺序依次布置,养护作业控制区示例见图4.0.1-1和图4.0.1-2。

4.0.2 长期和短期养护作业应布置警告、上游过渡、缓冲、工作、下游过渡、终止等区域;临时养护作业控制区布置可在长、短期养护作业基础上减小区段长度,有移动式标志车时也可不布置上游过渡区;移动养护作业控制区可仅布置警告区和工作区,警告区长度可减小。四级公路养护作业控制区布置可在二、三级公路养护作业基础上简化。各种工况养护作业的具体布置方法应按本规程第6章至第14章的有关规定执行。

4.0.3 养护作业控制区限速应符合下列规定:

1 限速过程应在警告区内完成。

2 限速应采用逐级限速或重复提示限速方法。逐级限速宜每100m降低10km/h。相邻限速标志间距不宜小于200m。

3 最终限速值不应大于表4.0.3的规定。当最终限速值对应的预留行车宽度不符合要求时,应降低最终限速值。

表4.0.3 公路养护作业限速值

设计速度(km/h)	限速值(km/h)	预留行车宽度(m)
120	80	3.75
100	60	3.50
80	40	3.50
60	30	3.25
40	30	3.25
30	20	3.00
20	20	3.00

4 高速公路及一级公路封闭路肩养护作业,表4.0.3中的最终限速值可提高10km/h或20km/h。

5 不满足超车视距的二、三级公路弯道或纵坡路段养护作业,最终限速值宜取20km/h。

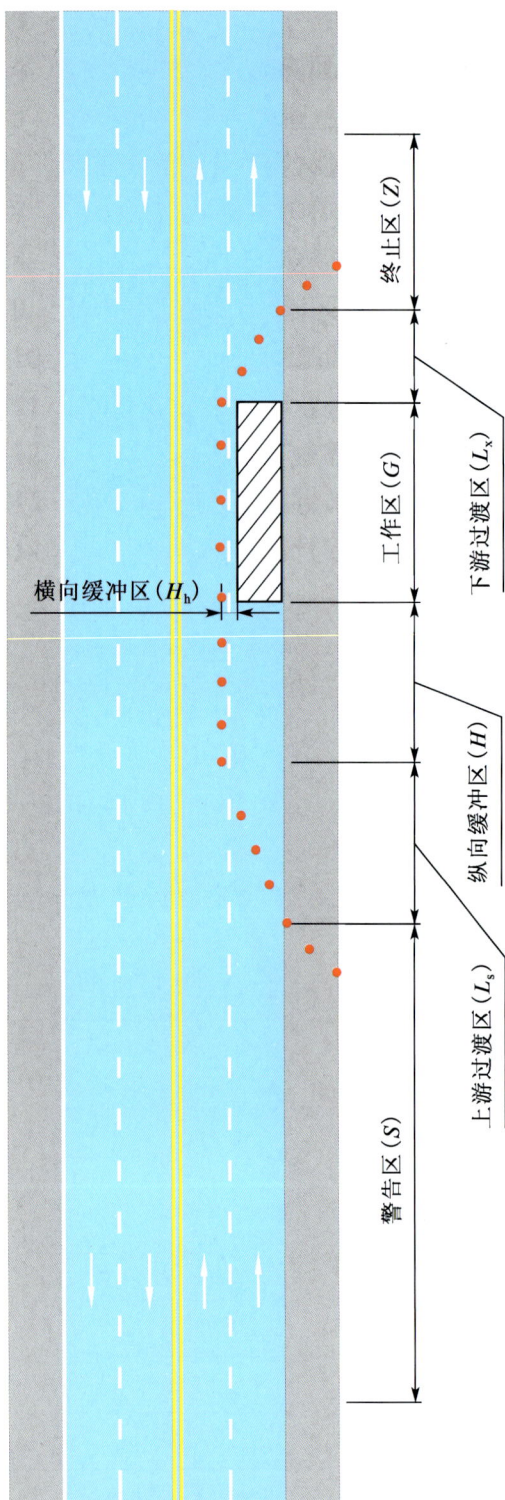

图4.0.1-1 封闭车道养护作业控制区

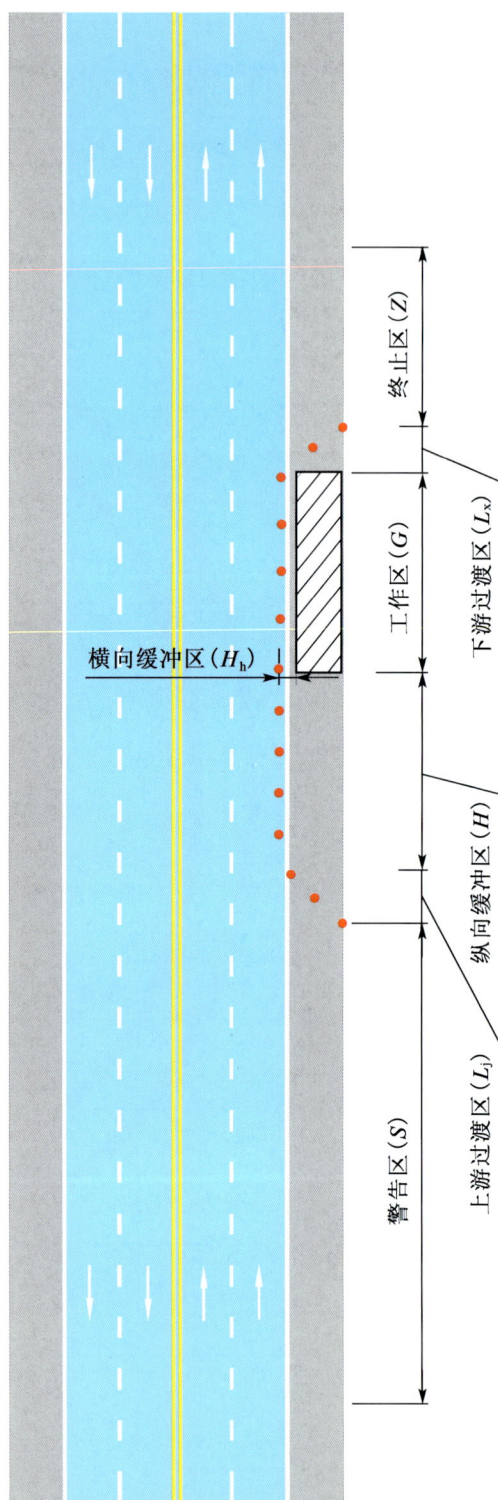

图4.0.1-2 封闭路肩养护作业控制区

6 隧道养护作业，表4.0.3中的最终限速值可降低10km/h或20km/h，但不宜小于20km/h。

4.0.4 警告区最小长度应符合表4.0.4-1和表4.0.4-2的规定。当交通量 Q 超出表中范围时，宜采取分流措施。

表4.0.4-1　高速公路及一级公路警告区最小长度

公 路 等 级	设计速度（km/h）	交通量 Q [pcu/(h·ln)]	警告区最小长度（m）
高速公路	120	$Q \leq 1\,400$	1 600
		$1\,400 < Q \leq 1\,800$	2 000
	100	$Q \leq 1\,400$	1 500
		$1\,400 < Q \leq 1\,800$	1 800
	80	$Q \leq 1\,400$	1 200
		$1\,400 < Q \leq 1\,800$	1 600
一级公路	100、80、60	$Q \leq 1\,400$	1 000
		$1\,400 < Q \leq 1\,800$	1 500

表4.0.4-2　二、三、四级公路警告区最小长度

设计速度（km/h）	平曲线半径（m）	下坡坡度（%）	交通量 Q [pcu/(h·ln)]	警告区最小长度（m）封闭路肩双向通行	封闭车道交替通行
80、60	≤200	0~3	$Q \leq 300$	600	800
			$300 < Q \leq 700$		1 000
		>3	$Q \leq 300$	800	1 000
			$300 < Q \leq 700$		1 200
	>200	0~3	$Q \leq 300$	400	600
			$300 < Q \leq 700$		800
		>3	$Q \leq 300$	600	800
			$300 < Q \leq 700$		1 000
40、30	≤100	0~4	$Q \leq 300$	400	500
			$300 < Q \leq 700$		700
		>4	$Q \leq 300$	500	600
			$300 < Q \leq 700$		800
	>100	0~4	$Q \leq 300$	300	400
			$300 < Q \leq 700$		600
		>4	$Q \leq 300$	400	500
			$300 < Q \leq 700$		700
20	—			200	

4.0.5 封闭车道养护作业的上游过渡区最小长度值应符合表4.0.5的规定，封闭路肩养护作业的上游过渡区长度不应小于表4.0.5中数值的1/3。

表4.0.5 封闭车道上游过渡区最小长度

最终限速值（km/h）	封闭车道宽度（m）			
	3.0	3.25	3.5	3.75
80	150	160	170	190
70	120	130	140	160
60	80	90	100	120
50	70	80	90	100
40	30	35	40	50
30	20	25	30	
20			20	

4.0.6 缓冲区可分为纵向缓冲区和横向缓冲区，应符合下列规定：

1 纵向缓冲区的最小长度应符合表4.0.6的规定。当工作区位于下坡路段时，纵向缓冲区的最小长度应适当延长。

2 在保障行车道宽度的前提下，工作区和纵向缓冲区与非封闭车道之间宜布置横向缓冲区，其宽度不宜大于0.5m。

表4.0.6 纵向缓冲区最小长度

最终限速值（km/h）	不同下坡坡度的纵向缓冲区最小长度（m）	
	≤3%	>3%
80	120	150
70	100	120
60	80	100
50	60	80
40		50
30、20		30

4.0.7 工作区长度应符合下列规定：

1 除借用对向车道通行的高速公路及一级公路养护作业外，工作区的最大长度不宜超过4km。

2 借用对向车道通行的高速公路及一级公路养护作业，工作区的长度应根据中央分隔带开口间距和实际养护作业而定，工作区的最大长度不宜超过6km。当中央分隔带开口间距大于3km时，工作区的最大长度应为一个中央分隔带开口间距。

4.0.8 下游过渡区的长度不宜小于30m。

4.0.9 终止区的长度不宜小于30m。

5 公路养护安全设施

5.0.1 公路养护安全设施包括临时标志、临时标线和其他安全设施，各类安全设施应组合使用，典型安全设施示例见附录 A。各类安全设施及交通引导人员示例符号，见附录 B。

5.0.2 临时标志应包括施工标志、限速标志等（附录 A 表 A-1），其使用应符合下列规定：

    1　施工标志宜布设在警告区起点。

    2　限速标志宜布设在警告区的不同断面处。

    3　解除限速标志宜布设在终止区末端。

    4　"重车靠右停靠区"标志应用于控制大型载重汽车在特大、大桥和特殊结构桥梁上的通行。

5.0.3 临时标线应包括渠化交通标线和导向交通标线（附录 A 表 A-2），应用于长期养护作业的渠化交通或导向交通标线，宜为易清除的临时反光标线。渠化交通标线应为橙色虚、实线；导向交通标线应为醒目的橙色实线。

5.0.4 其他安全设施可包括车道渠化设施、夜间照明设施、语音提示设施、闪光设施、临时交通控制信号设施、移动式标志车、移动式护栏和车载式防撞垫等，见附录 A 表 A-3。

5.0.5 车道渠化设施可包括交通锥、防撞桶、水马、防撞墙、隔离墩、附设警示灯的路栏等（附录 A 表 A-3），其使用应符合下列规定：

    1　交通锥形状、颜色和尺寸应符合现行《道路交通标志和标线》（GB 5768）的有关规定，布设在上游过渡区、缓冲区、工作区和下游过渡区。布设间距不宜大于 10m，其中上游过渡区和工作区布设间距不宜大于 4m。

    2　防撞桶颜色应为黄、黑相间，顶部可附设警示灯，可用于三级及三级以上公路下坡路段养护作业，宜布设在工作区或上游过渡区与缓冲区之间。使用前应灌水，灌水量不应小于其内部容积的 90%。在冰冻季节，可采用灌砂的方法，灌砂量不应小于其内部容积的 90%。

    3　水马颜色应为橙色或红色，高度不得小于 40cm，可用于三级及三级以上公路下坡路段养护作业，宜布设在工作区或上游过渡区与缓冲区之间。使用前应灌水，灌水量不应小于其内部容积的90%。在冰冻季节，可采用灌砂的方法，灌砂量不应小于其内部容积的90%。

4　防撞墙和施工隔离墩颜色应为黄、黑相间，可用于三级及三级以上公路下坡路段养护作业，宜布设在工作区或上游过渡区与缓冲区之间，并宜组合使用。

5　附设警示灯的路栏颜色应为黄、黑相间，宜布设在工作区或上游过渡区与缓冲区之间。

5.0.6　照明设施和语音提示设施（附录A表A-3）可用于夜间养护作业，其使用应符合下列规定：

1　照明设施应布设在工作区侧面，照明方向应背对非封闭车道。

2　语音提示设施宜根据需要布设在远离居民生活区的养护作业控制区。

5.0.7　闪光设施可包括闪光箭头、警示频闪灯和车辆闪光灯（附录A表A-3）。闪光箭头宜布设在上游过渡区；警示频闪灯宜布设在需加强警示的区域，宜为黄蓝相间的警示频闪灯；车辆闪光灯应为360°旋转黄闪灯，可用于养护作业车辆或移动式标志车。

5.0.8　临时交通控制信号设施灯光颜色应为红、绿两种（附录A表A-3），可交替发光，可用于双向交替通行的养护作业，宜布设在上游过渡区和下游过渡区。

5.0.9　移动式标志车颜色应为黄色，顶部应安装黄色警示灯，后部应安装标志灯牌（附录A表A-3），可用于临时养护作业或移动养护作业。

5.0.10　移动式护栏（附录A表A-3）应符合现行《公路交通安全设施设计规范》（JTG D81）中的有关防护等级规定，可用于三级及三级以上公路下坡路段养护作业。

5.0.11　车载式防撞垫颜色应为黄、黑相间（附录A表A-3），可安装在养护作业车辆或移动式标志车尾部。

6 高速公路及一级公路养护作业控制区布置

6.1 一般规定

6.1.1 养护作业控制区布置应考虑养护作业的内容与要求、时间和周期、交通量、经济效益等因素，控制区内交通标志的布设必须合理、前后协调，起到引导车流平稳变化的作用。

6.1.2 养护作业控制区两侧应差异化布设安全设施，并应符合下列规定：

1 车道养护作业时，在封闭车道一侧的警告区应布设施工标志和限速标志，在非封闭车道一侧的警告区应布设施工标志，并宜布设警示频闪灯。八车道及以上公路，在非封闭车道一侧的警告区尚应增设限速标志。

2 路肩养护作业时，在封闭路肩一侧的警告区应布设施工标志和限速标志，在另一侧仅在警告区起点布设施工标志。

6.1.3 同一行车方向不同断面同时进行养护作业时，相邻两个工作区净距不宜小于5km。

6.1.4 封闭车道养护作业控制区与被借用车道上的养护作业控制区净距不宜小于10km。

6.1.5 养护作业控制区应设置工程车辆专门的出、入口，并宜设在顺行车方向的下游过渡区内。当工程车辆需经上游过渡区或工作区进入时，应布设警告标志并配备交通引导人员。

6.2 养护作业控制区布置

6.2.1 四车道公路封闭车道或封闭路肩的养护作业，以设计速度100km/h为例，作业控制区布置示例见图6.2.1-1～图6.2.1-3。

6.2.2 六车道及以上公路养护作业封闭中间车道时，宜同时封闭相邻一侧车道，并应布置两个上游过渡区，其最小间距不应小于200m。在交通量大路段养护作业，不能同时封闭相邻车道时，宜采取必要措施加强现场交通管控。以设计速度120km/h为例，作业控制区布置示例见图6.2.2-1～图6.2.2-4。

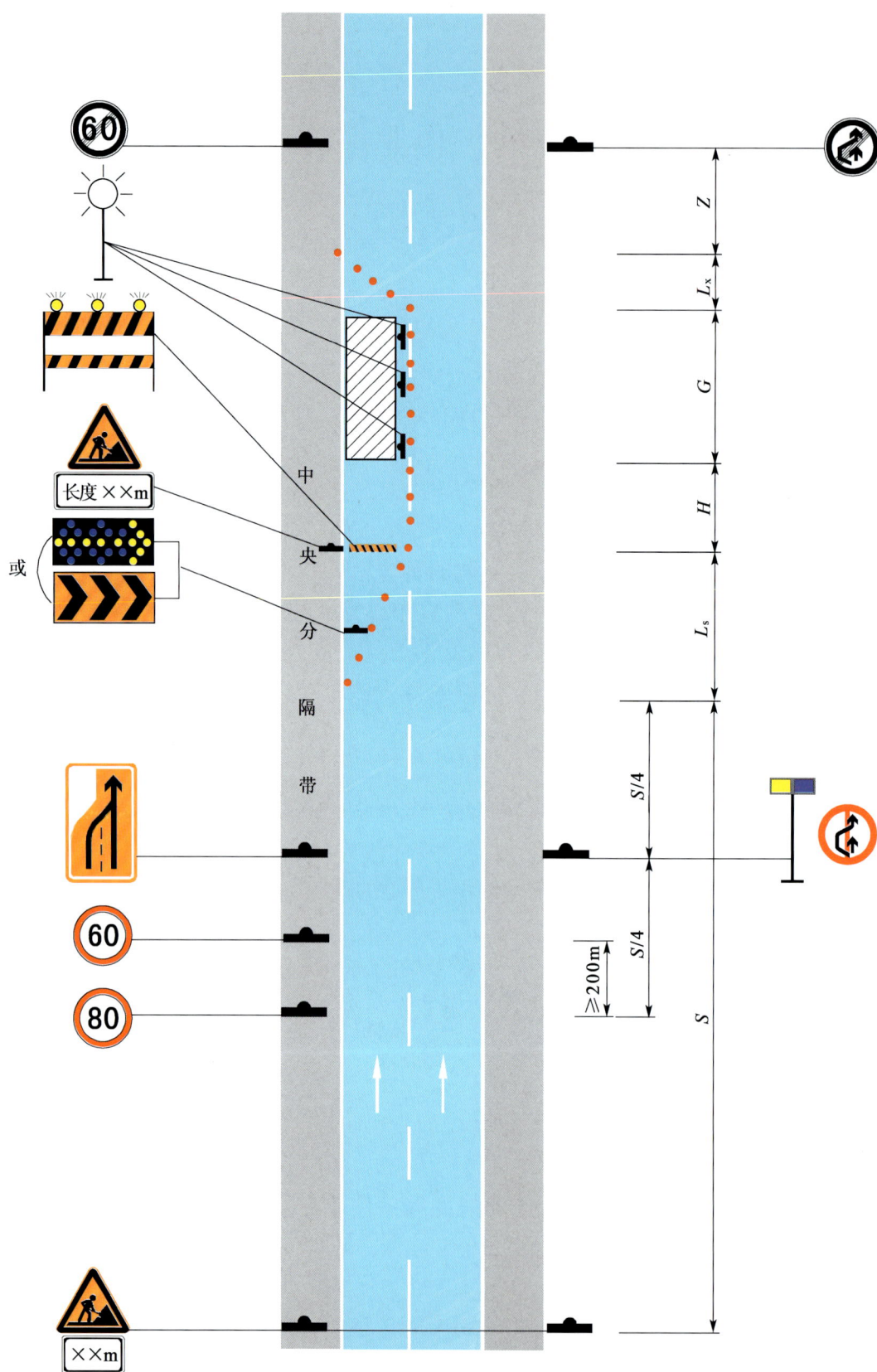

图 6.2.1-1　四车道高速公路及一级公路封闭内侧车道养护作业

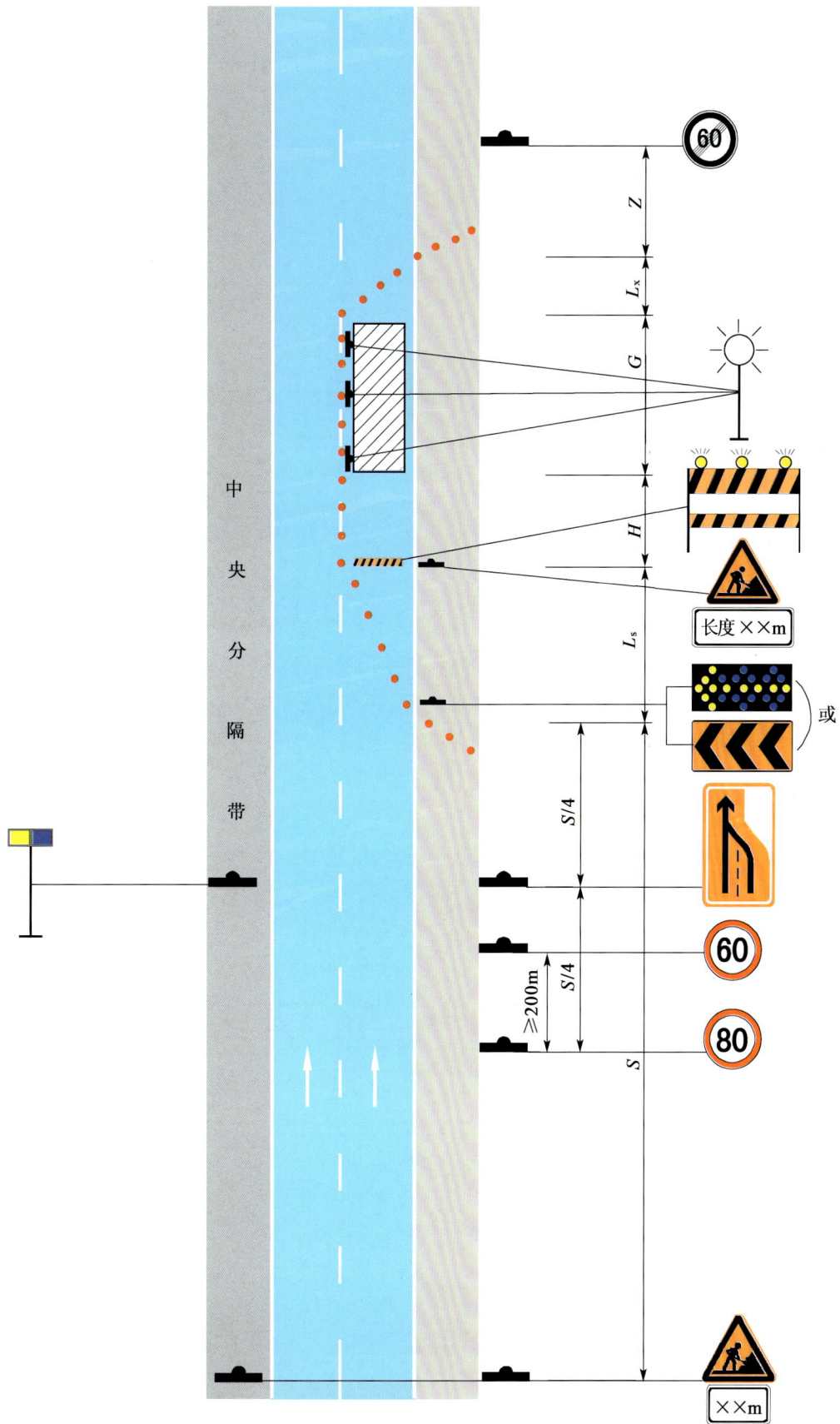

图 6.2.1-2 四车道高速公路及一级公路封闭外侧车道养护作业

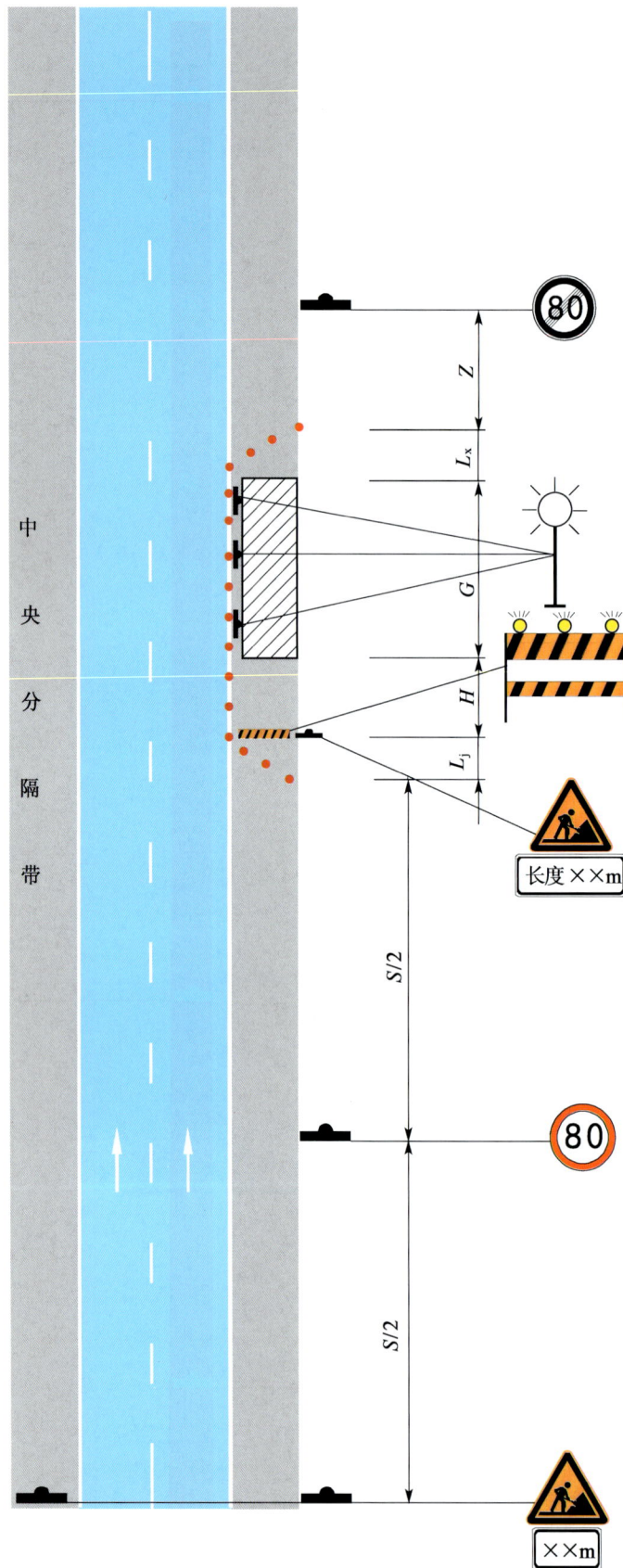

图 6.2.1-3 四车道高速公路及一级公路封闭路肩养护作业

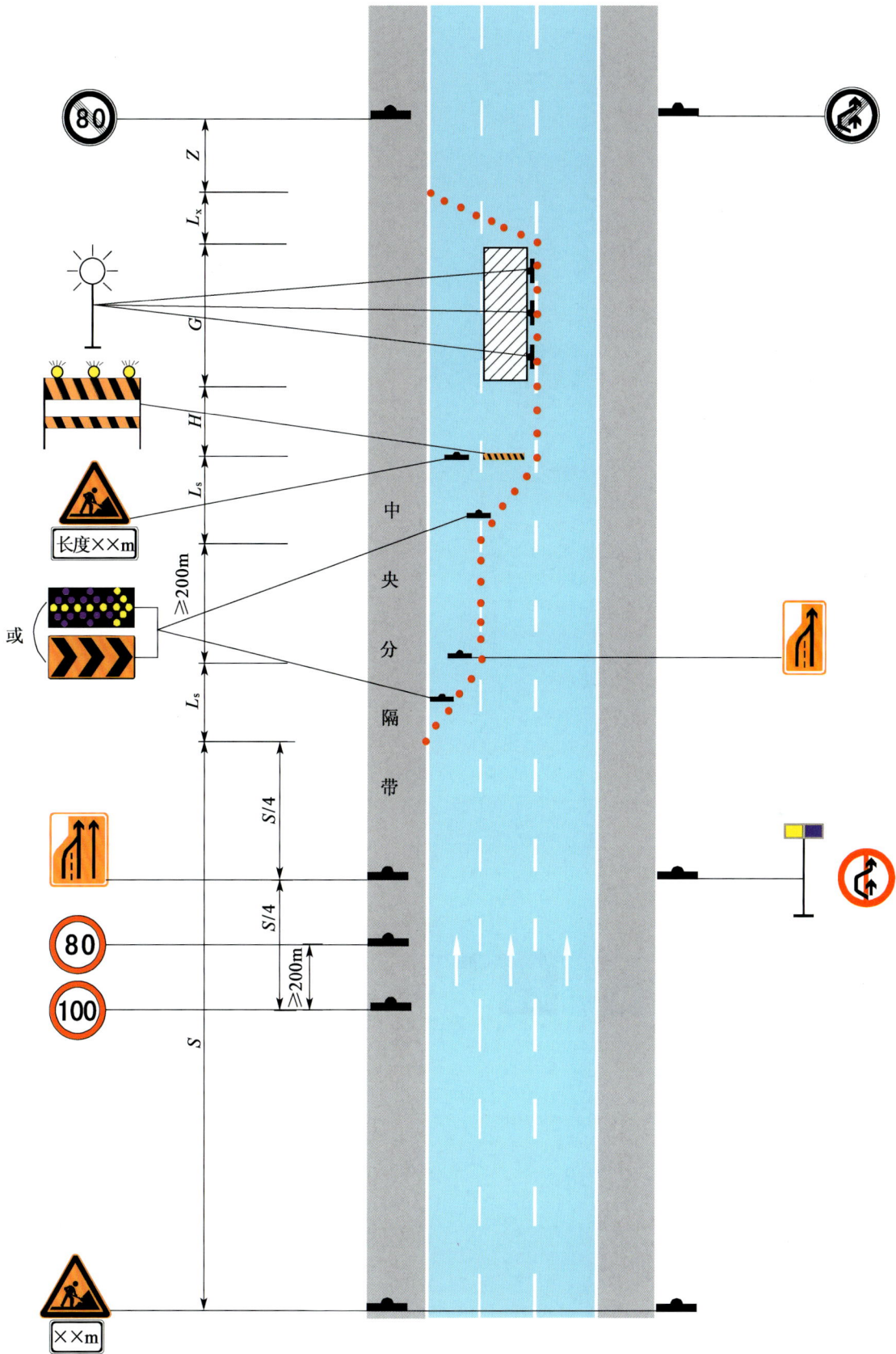

图 6.2.2-1 六车道高速公路及一级公路封闭内侧车道养护作业

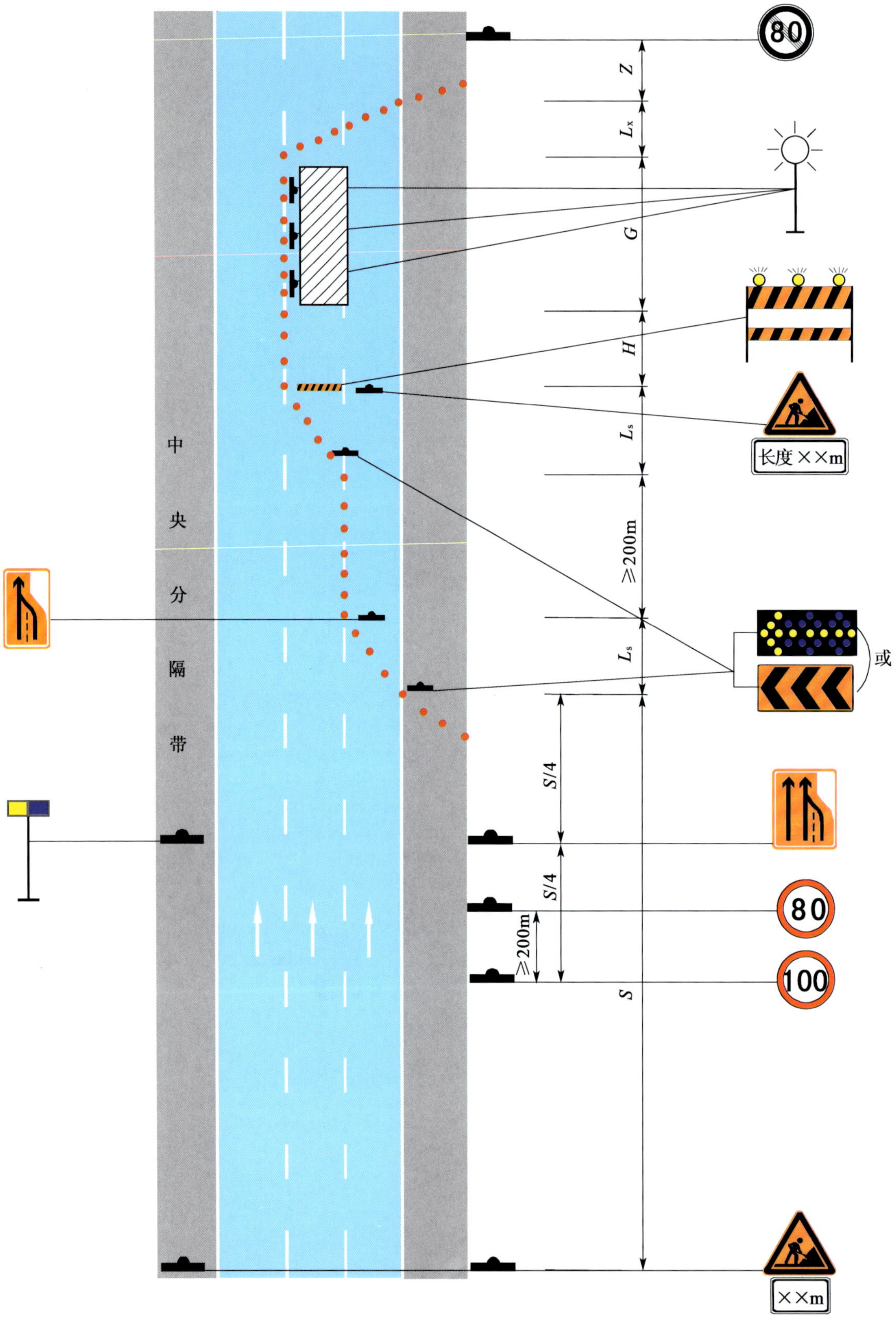

图6.2.2-2　六车道高速公路及一级公路封闭外侧车道养护作业

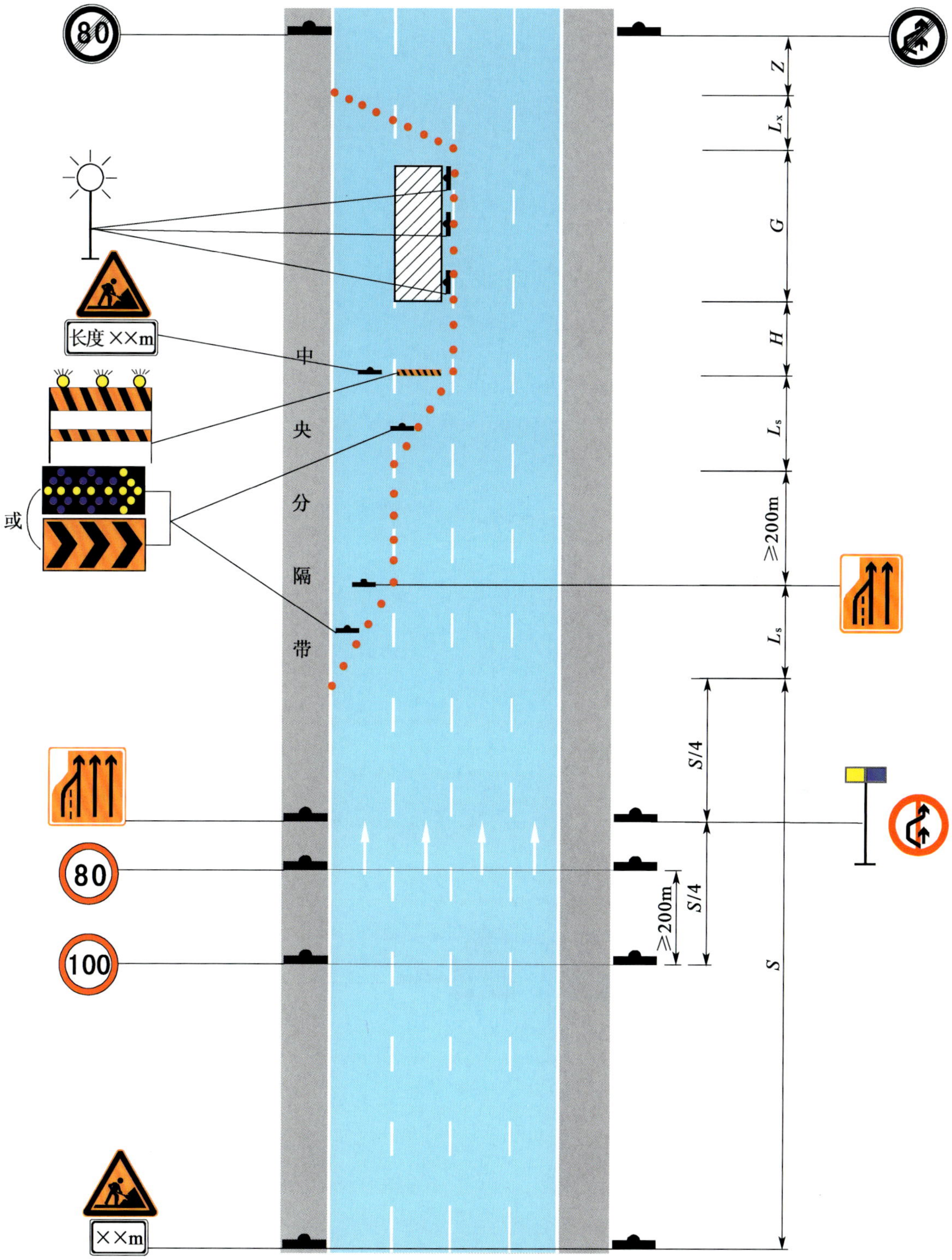

图 6.2.2-3　八车道高速公路及一级公路封闭内侧车道养护作业

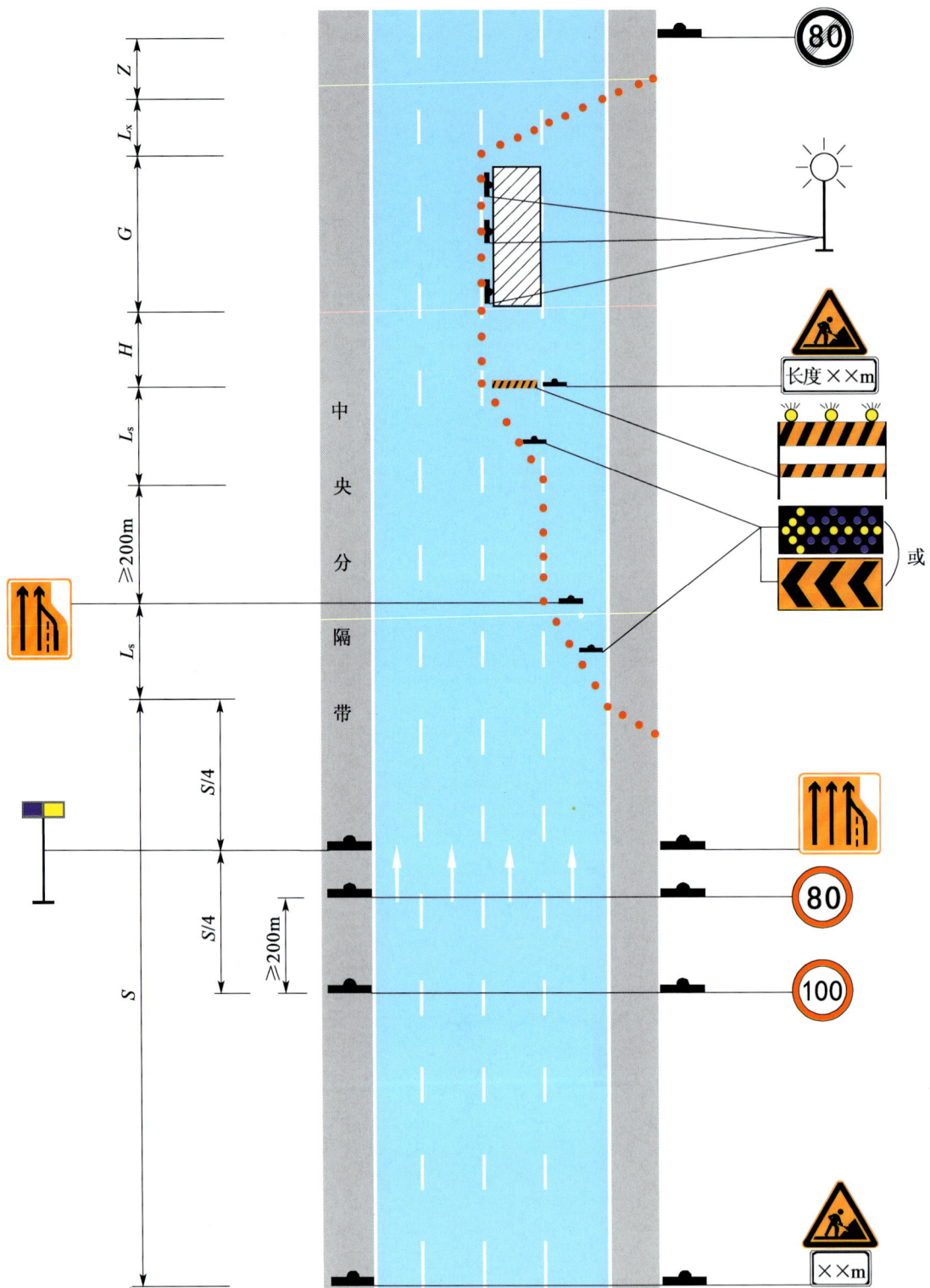

图 6.2.2-4　八车道高速公路及一级公路封闭外侧车道养护作业

6.2.3 借用对向车道通行的养护作业，应结合中央分隔带开口位置，利用靠近养护作业一侧的车道通行，双向车道都应布置作业控制区。借用车道双向通行分隔宜采用带有链接的车道渠化设施，并应在前一出口或平面交叉口布设长大车辆绕行标志。以设计速度 100km/h 为例，作业控制区布置示例见图 6.2.3。

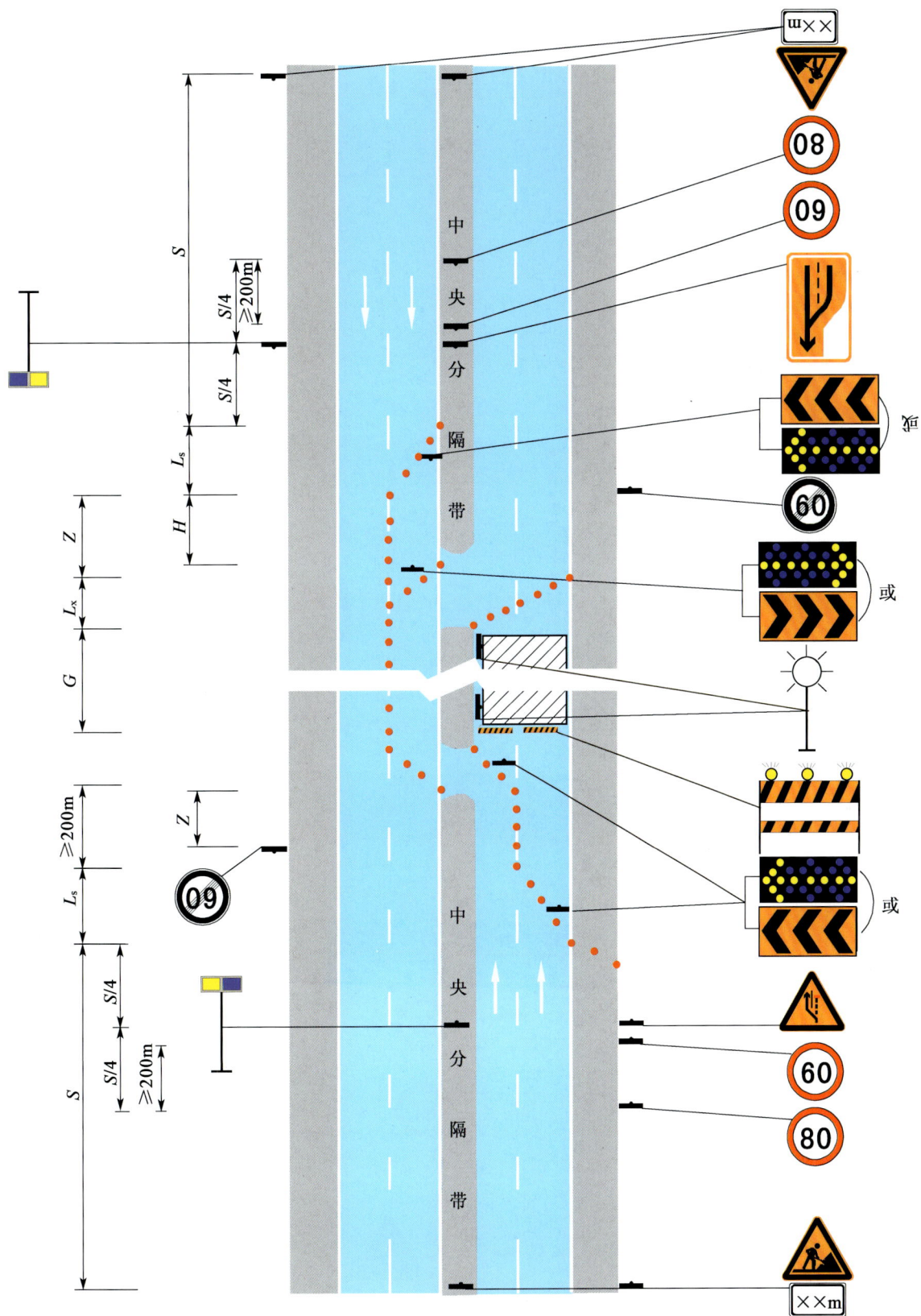

图 6.2.3　借用对向车道通行的高速公路及一级公路养护作业

6.2.4 立交出、入口匝道附近及匝道上养护作业控制区布置，应根据工作区在匝道上的具体位置而定。匝道养护作业警告区长度不宜小于300m。当匝道长度小于警告区最小长度时，作业控制区最前端的交通标志应布设在匝道入口处。以设计速度100km/h为例，作业控制区布置示例见图6.2.4-1～图6.2.4-5。

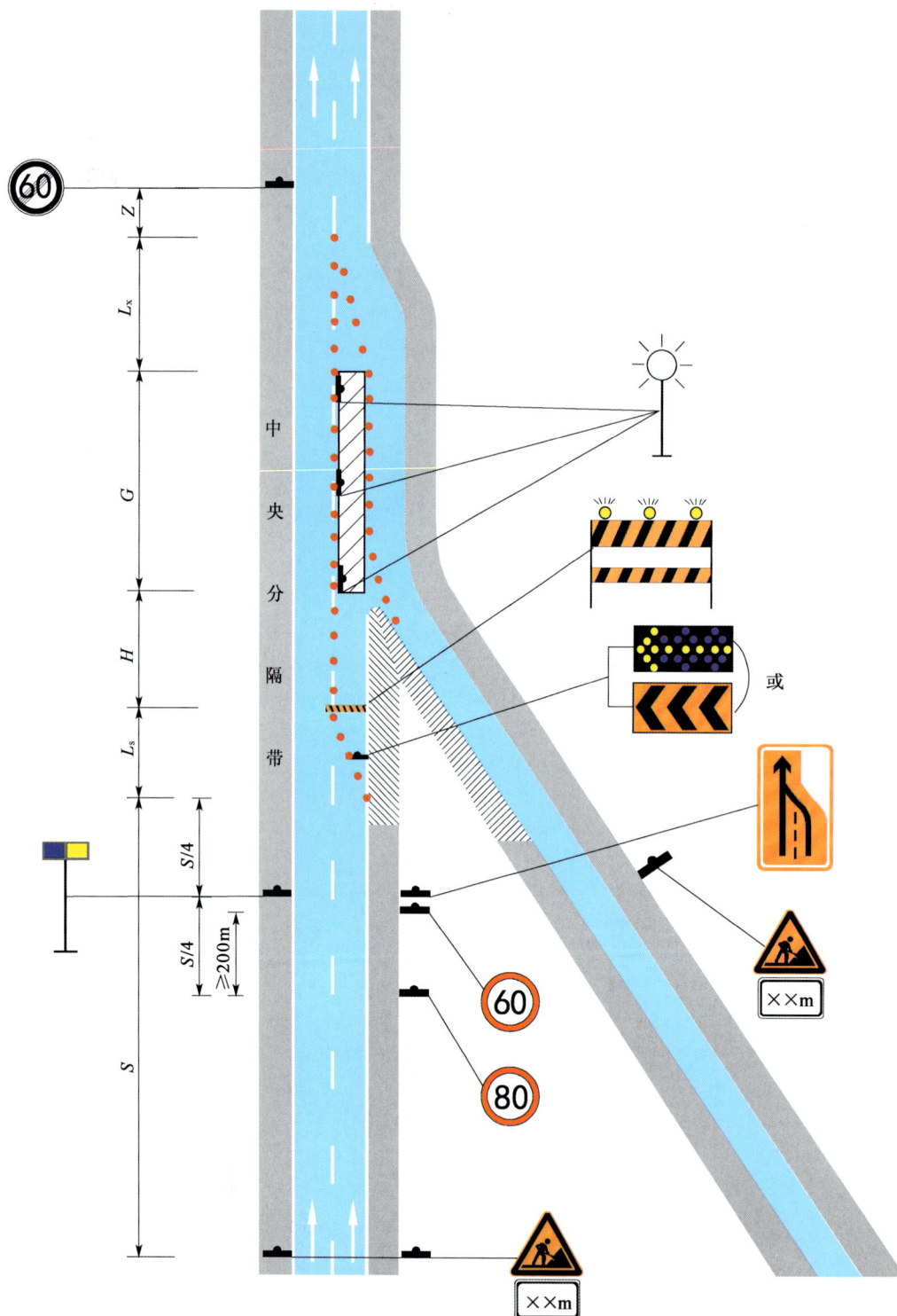

图6.2.4-1　立交入口匝道附近养护作业（1）

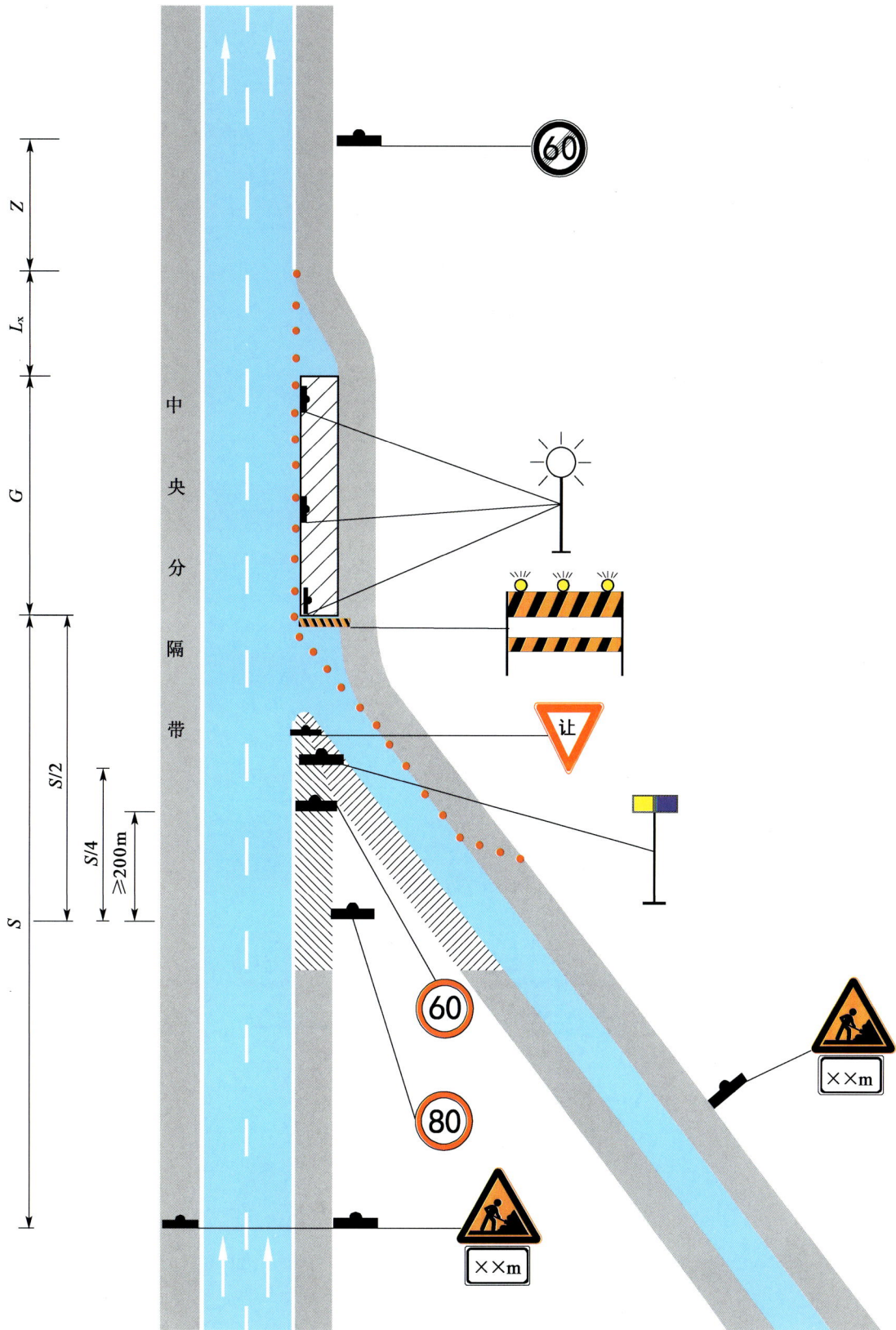

图 6.2.4-2　立交入口匝道附近养护作业（2）

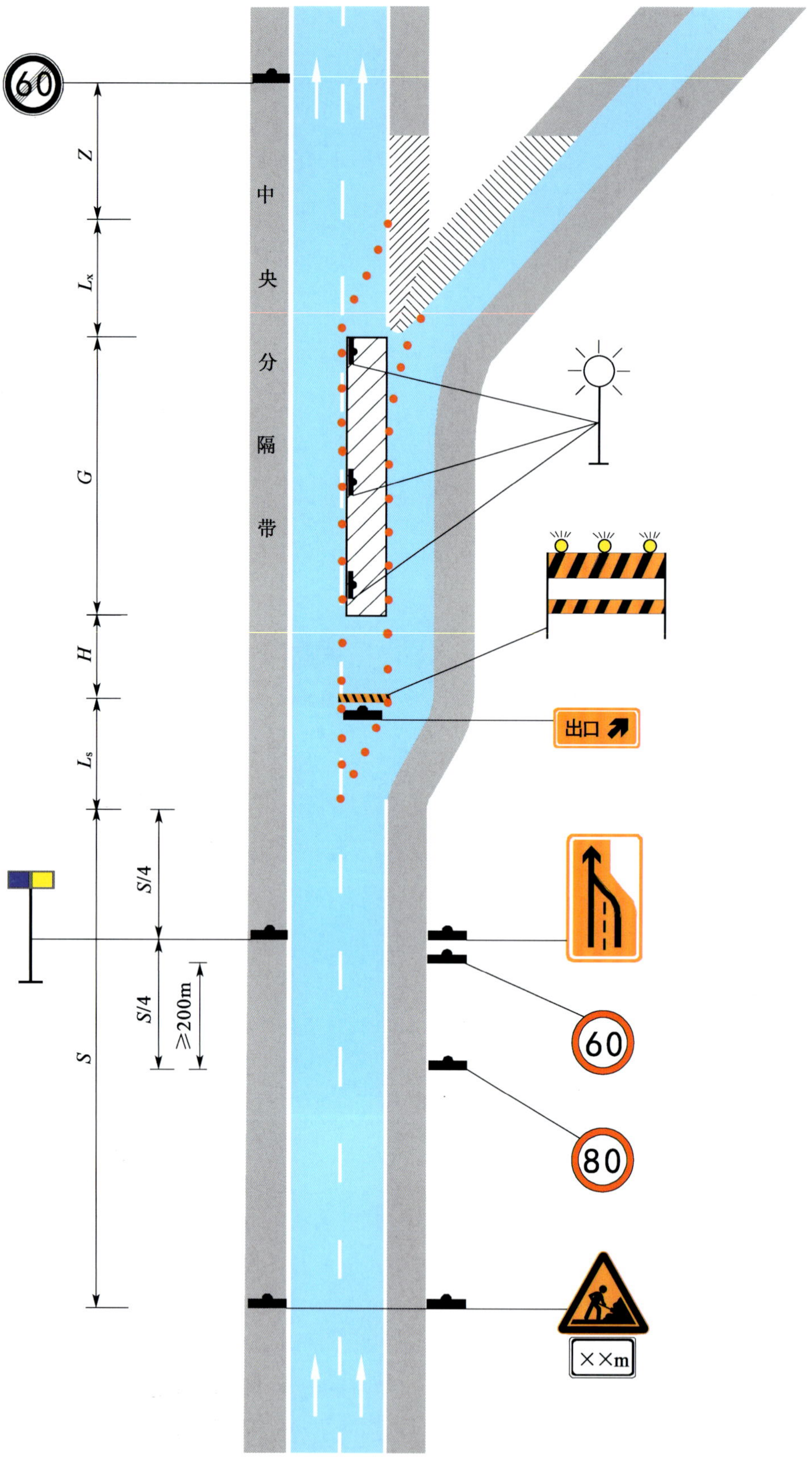

图6.2.4-3　立交出口匝道附近养护作业（1）

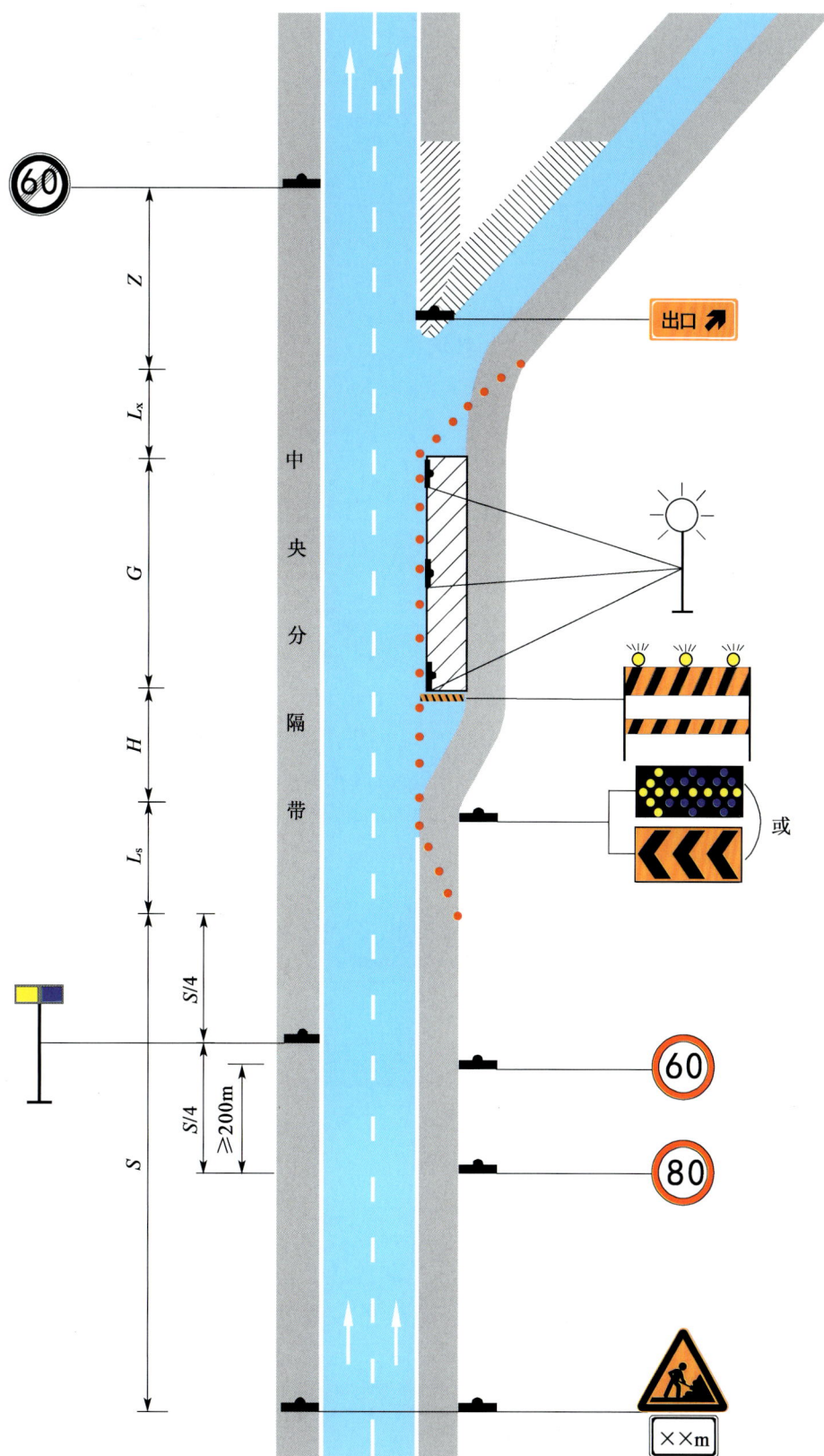

图 6.2.4-4 立交出口匝道附近养护作业（2）

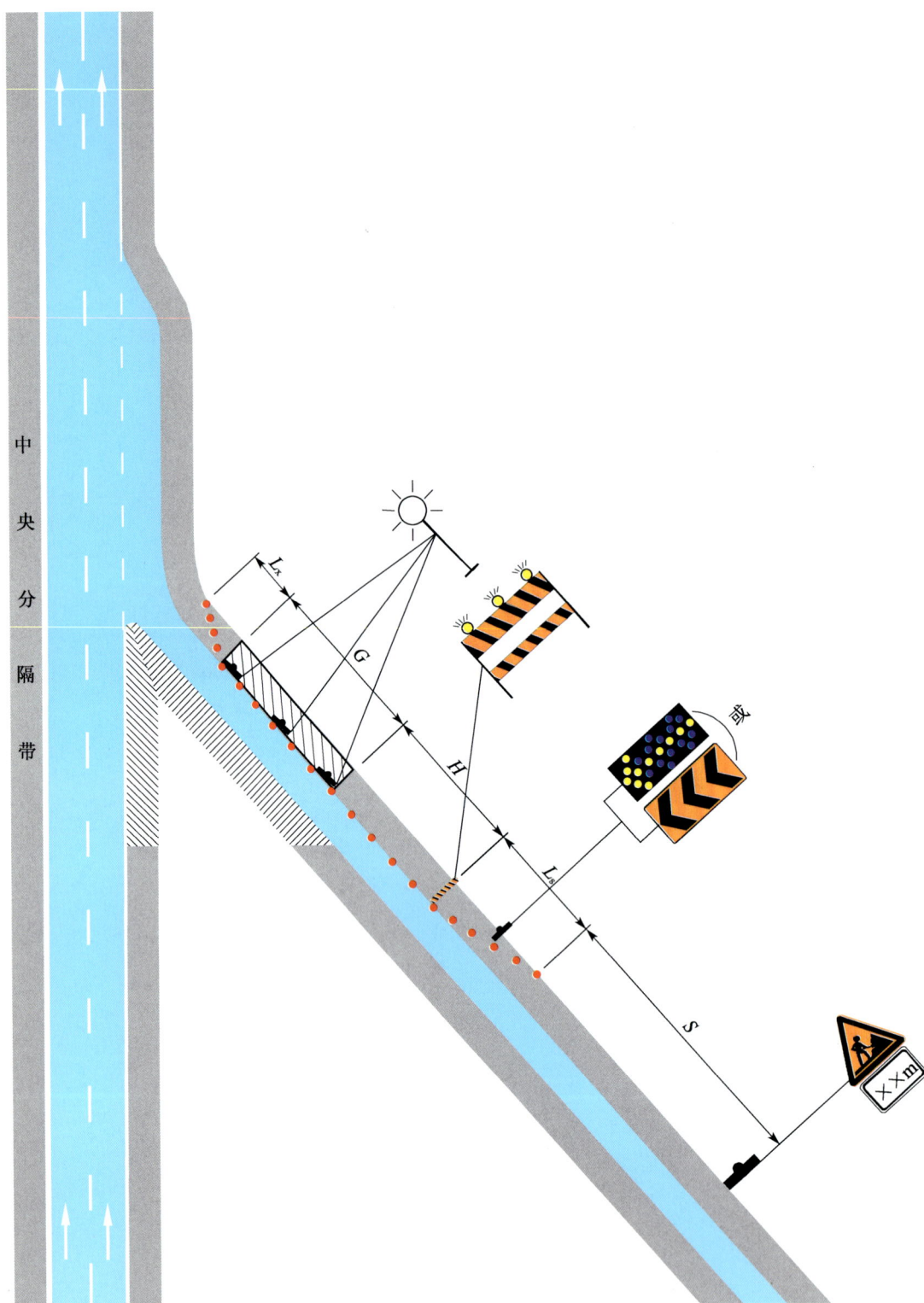

图 6.2.4-5 立交匝道单车道上封闭路肩养护作业

6.2.5 临时养护作业控制区布置可采用单一限速控制，警告区长度宜取长、短期养护作业警告区长度的一半，但应配备交通引导人员，当布设移动式标志车时，可不布设上游过渡区。以设计速度 100km/h 为例，作业控制区布置示例见图 6.2.5-1、图 6.2.5-2。

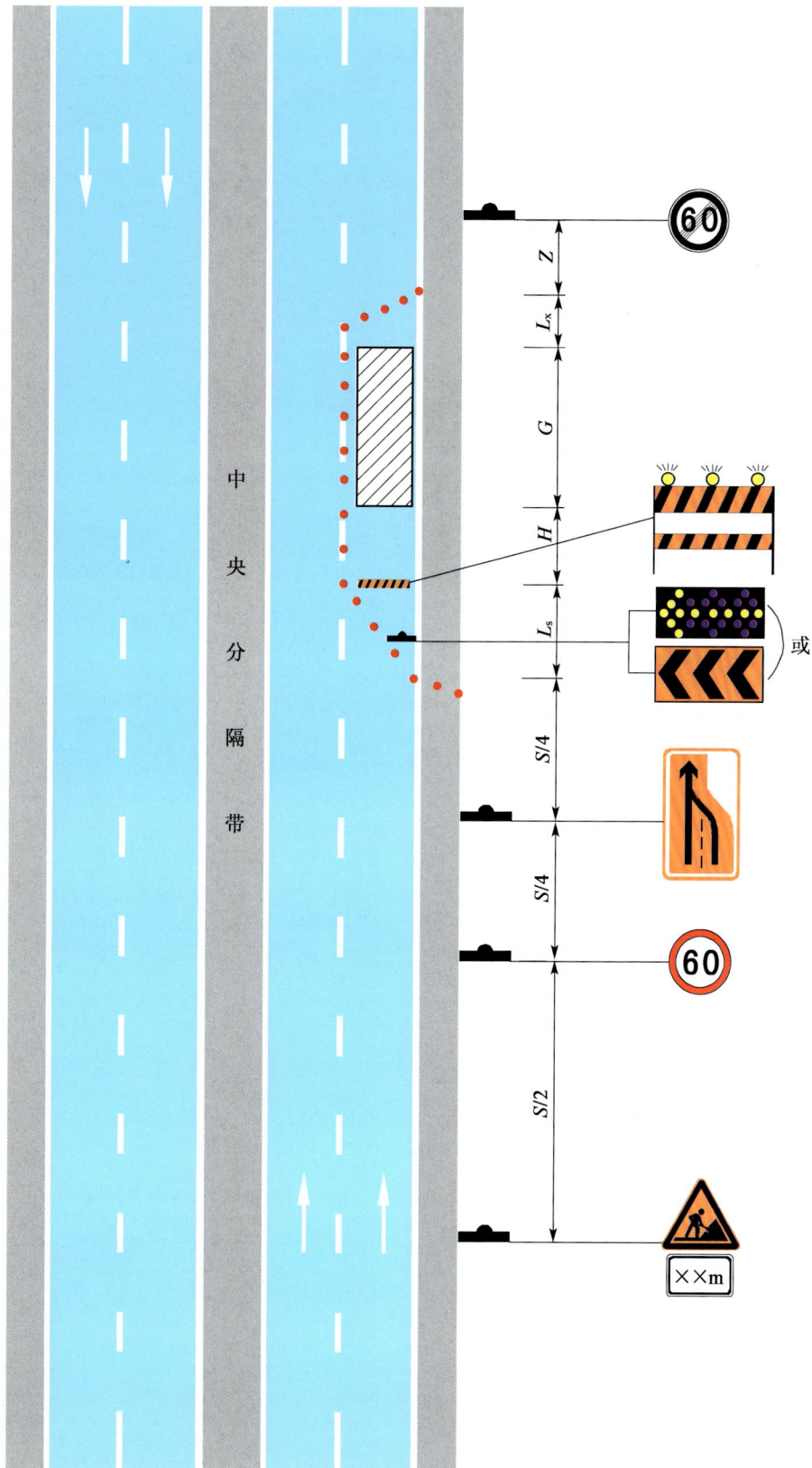

图 6.2.5-1 高速公路及一级公路临时养护作业

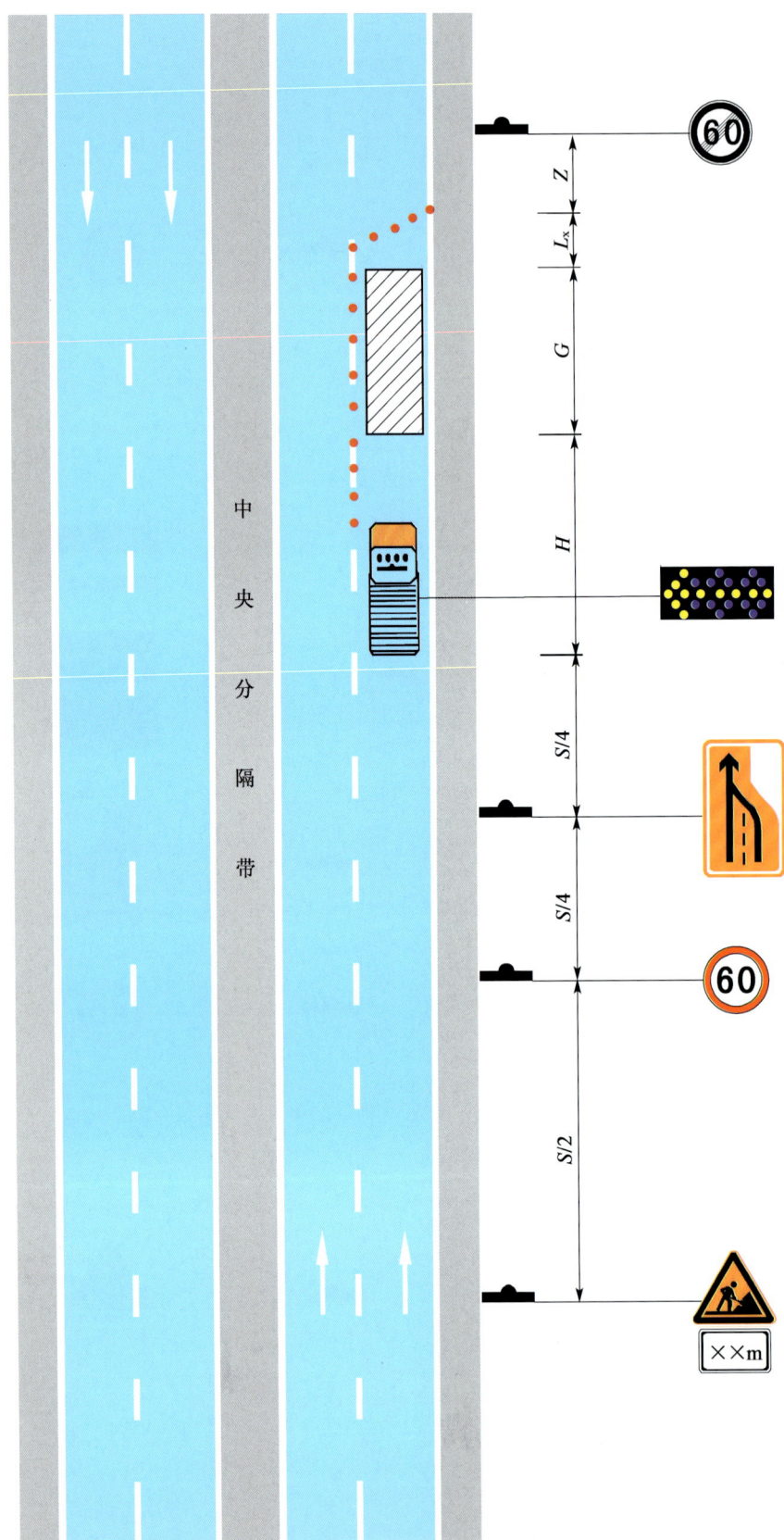

图6.2.5-2　高速公路及一级公路布设移动式标志车的临时养护作业

6.2.6 机械移动养护作业宜布设移动式标志车；当作业机械配备闪光箭头或车辆闪光灯时，可不布设移动式标志车。作业控制区布置示例见图6.2.6。

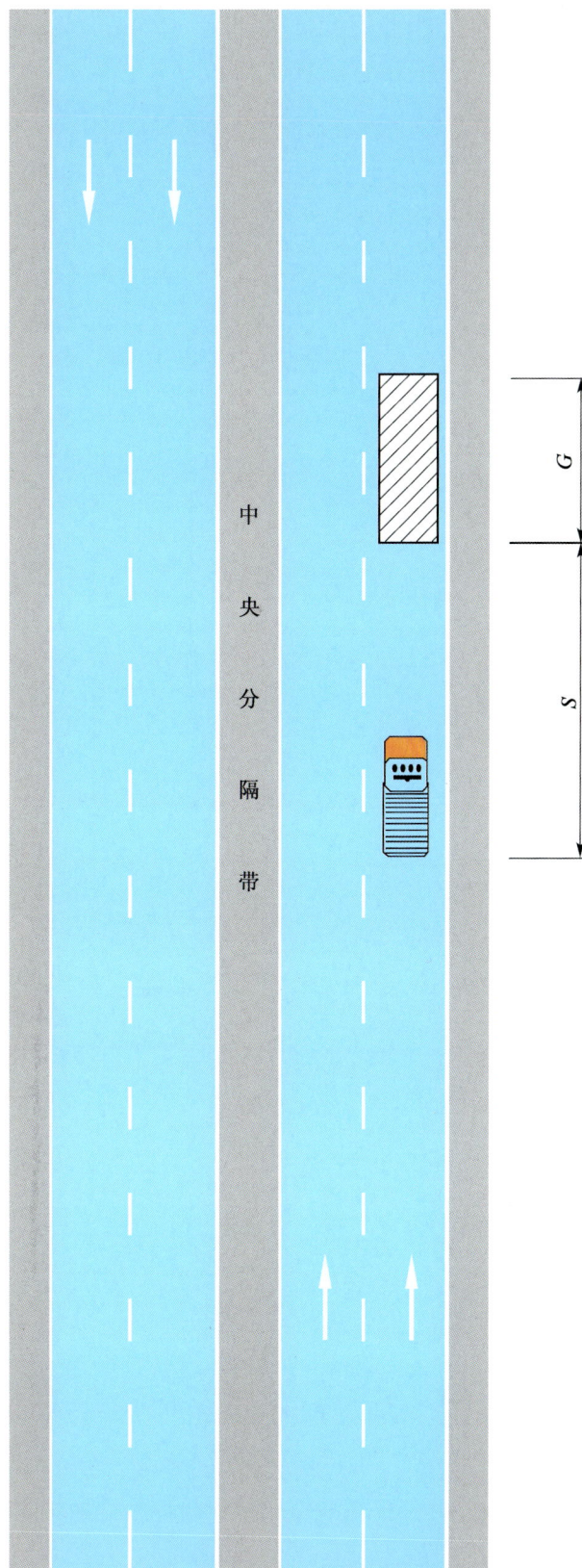

图6.2.6　高速公路及一级公路机械移动养护作业

6.2.7 当占用路面进行人工移动养护作业时，宜封闭一定范围的养护作业区域，并按临时养护作业的有关规定执行。对于路肩清扫等人工移动养护作业，宜布设移动式标志或交通锥，其距人工移动养护作业起点不宜小于150m。人工移动养护作业应避开高峰时段。路肩人工养护作业控制区布置示例见图6.2.7。

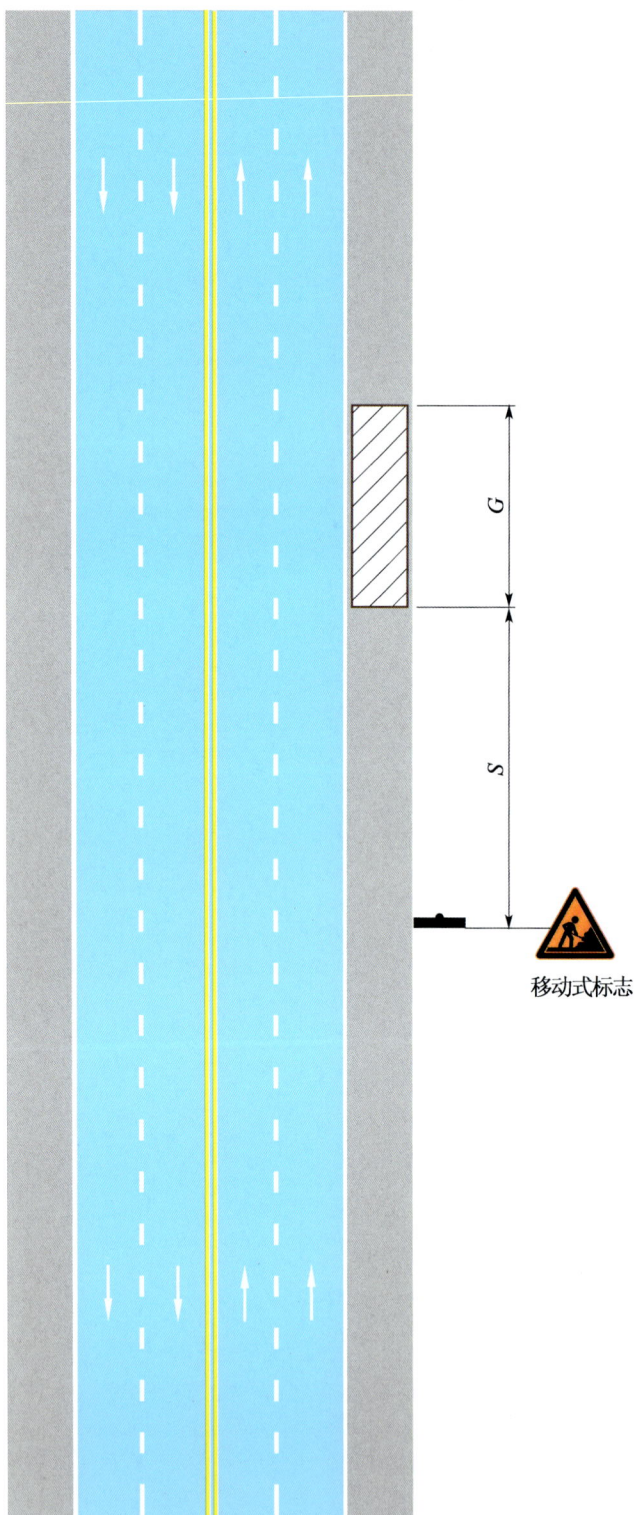

移动式标志

图6.2.7　高速公路及一级公路路肩人工移动养护作业

6.2.8 中央分隔带或边坡绿化内的植被灌溉养护作业，应在灌溉车辆上配备醒目的闪光箭头或车辆闪光灯，也可在灌溉车辆后布设移动式标志车。作业人员不得在中央分隔带内休息，且中央分隔带中不宜多人集中作业。

6.2.9 中央分隔带绿化内的植被修剪、垃圾清理等养护作业，应封闭靠近中央分隔带的内侧车道，并按临时养护作业控制区布置。

7 二、三级公路养护作业控制区布置

7.1 一般规定

7.1.1 养护作业控制区布置除应符合本规程第6.1.1条的有关规定外，尚应兼顾养护作业控制区是否交替通行、线形特征等因素。

7.1.2 二、三级公路车道养护作业时，本向应布置警告区、上游过渡区、缓冲区、工作区、下游过渡区和终止区，对向应布置警告区和终止区。

7.1.3 警告区应布设施工标志及限速标志，车道封闭养护作业尚应布设改道标志；上游过渡区应布设交通锥、闪光箭头、交通引导人员等；上游过渡区和缓冲区交界处应布设附设警示灯的路栏；终止区应布设解除限速标志。

7.1.4 同一方向不同断面同时养护作业时，相邻两个工作区净距不应小于3km。

7.1.5 不满足超车视距的弯道或纵坡路段养护作业控制区布置，应提前布置警告区。

7.2 养护作业控制区布置

7.2.1 双向交替通行路段养护作业，除布设必要的安全设施外，尚宜配备交通引导人员，也可布设临时交通控制信号设施。以设计速度80km/h为例，作业控制区布置示例见图7.2.1。

7.2.2 路肩施工保持双向通行路段的养护作业控制区布置应符合下列规定：
1 紧靠路肩的预留车道宽度应满足表4.0.3中的规定；当不满足规定时，应按封闭车道养护作业控制区布置。
2 警告区可仅布设一块限速标志，工作区作业车辆上应配备警示频闪灯或反光标志。
3 布设移动式标志车时，可不布置上游过渡区。
以设计速度80km/h为例，作业控制区布置示例见图7.2.2。

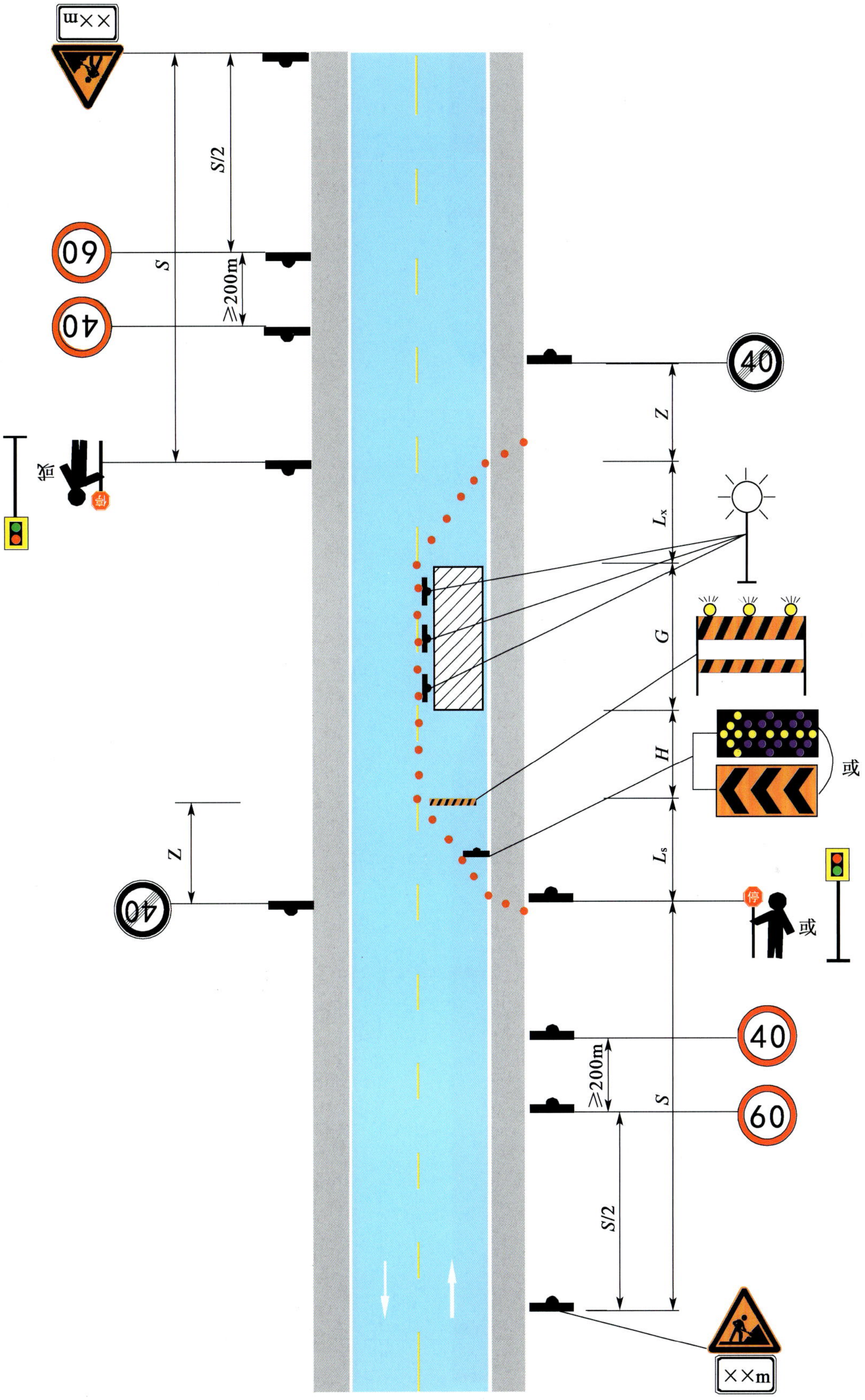

图 7.2.1　二、三级公路双向交替通行的养护作业

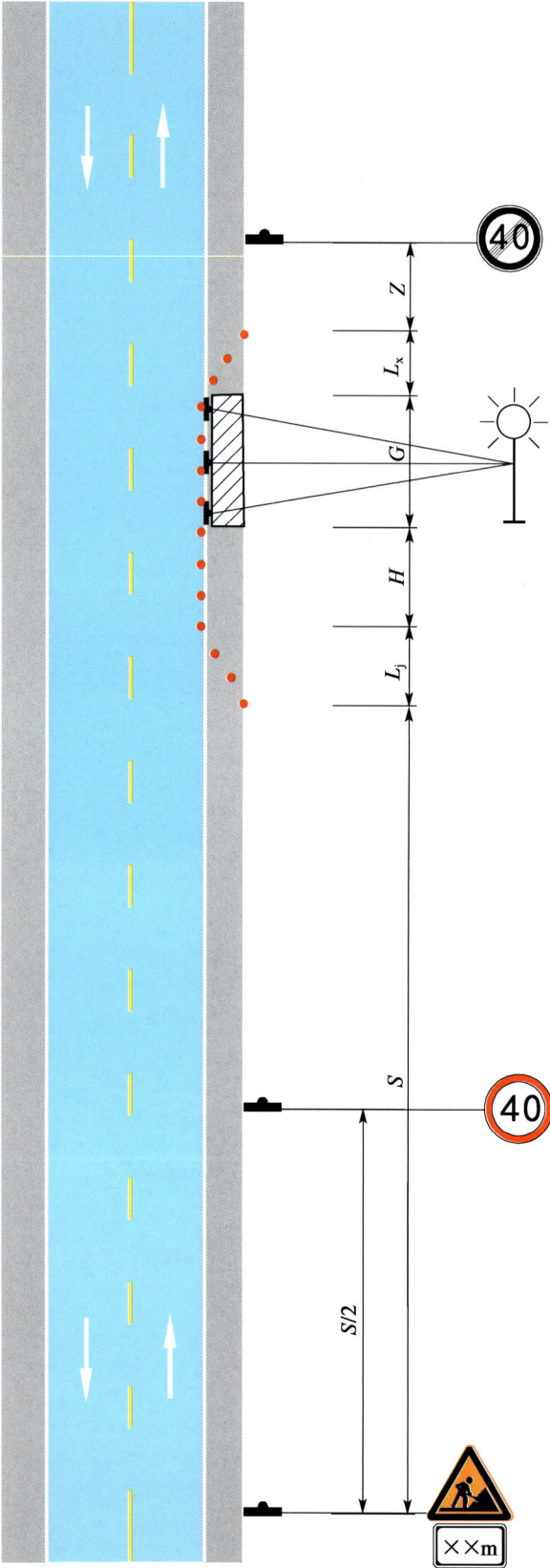

图 7.2.2　二、三级公路双向通行的养护作业

7.2.3 全封闭路段养护作业，应采取分流措施或修筑临时交通便道。修筑临时交通便道的作业控制区布置应符合下列规定：

1 控制区内应布设附设警示灯的路栏。

2 作业车辆应配备警示灯或反光标志。

3 临时修建的交通便道，宜施划临时标线，可设置交通安全设施。

以设计速度60km/h为例，作业控制区布置示例见图7.2.3。

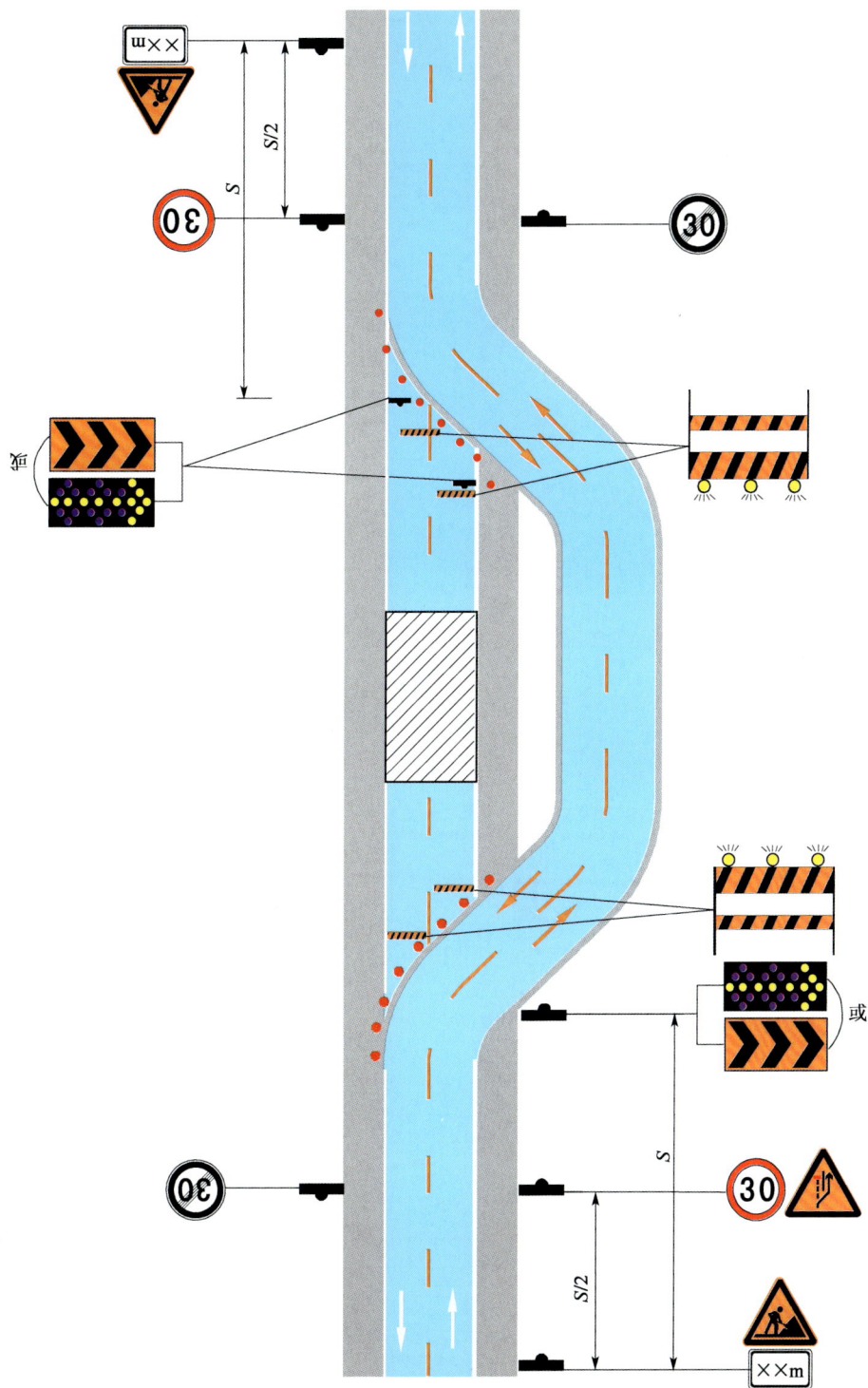

图7.2.3 二、三级公路便道双向通行的养护作业

7.2.4 弯道路段养护作业，应根据工作区与弯道的相对位置关系确定养护作业控制区布置方法。

1 弯道路段养护作业，工作区在弯道前，下游过渡区宜布置在弯道后的直线段；工作区在弯道后，上游过渡区宜布置在弯道前的直线段。以设计速度60km/h为例，作业控制区布置示例见图7.2.4-1～图7.2.4-4。

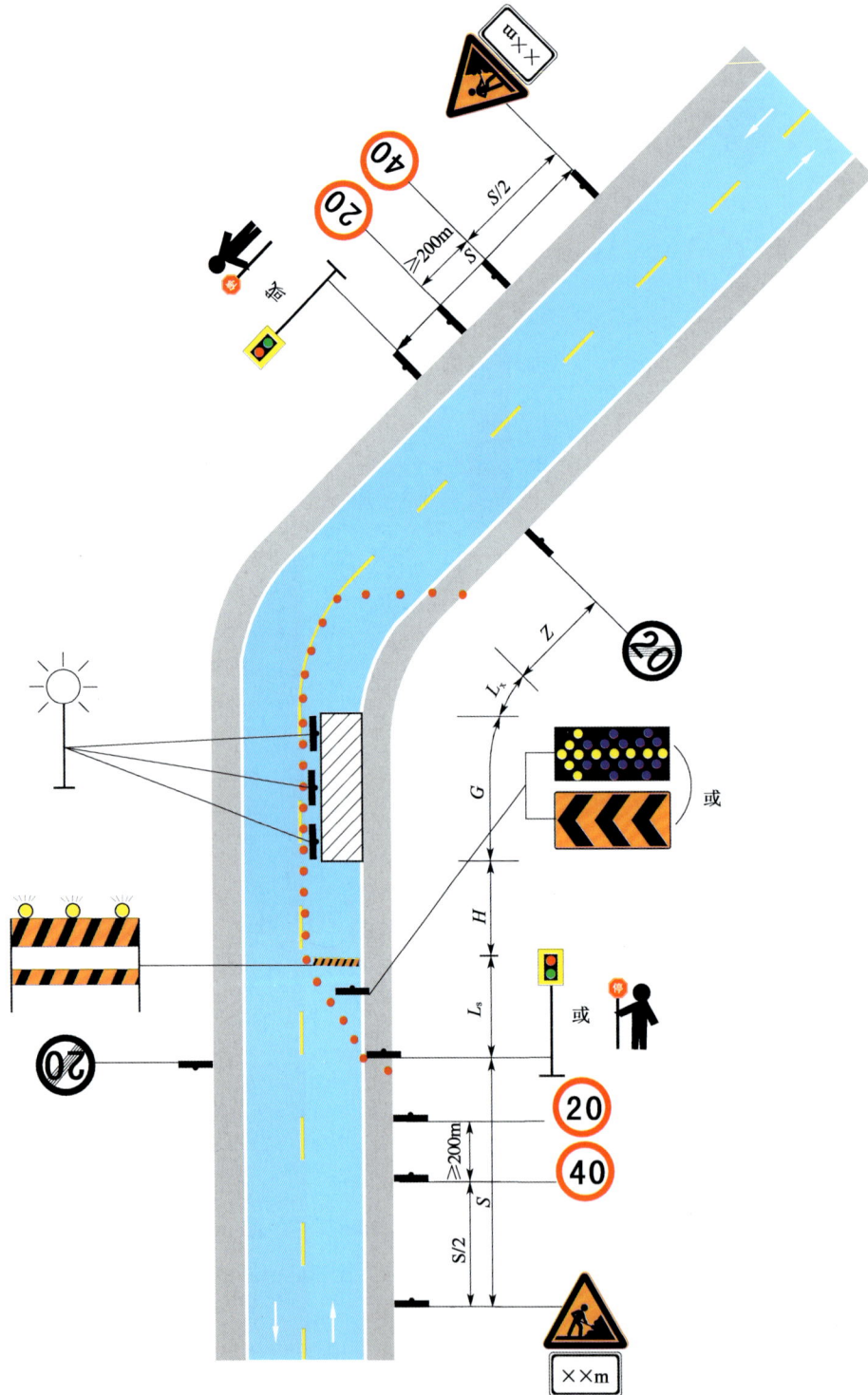

图 7.2.4-1 二、三级公路双向交替通行的弯道路段弯道前养护作业

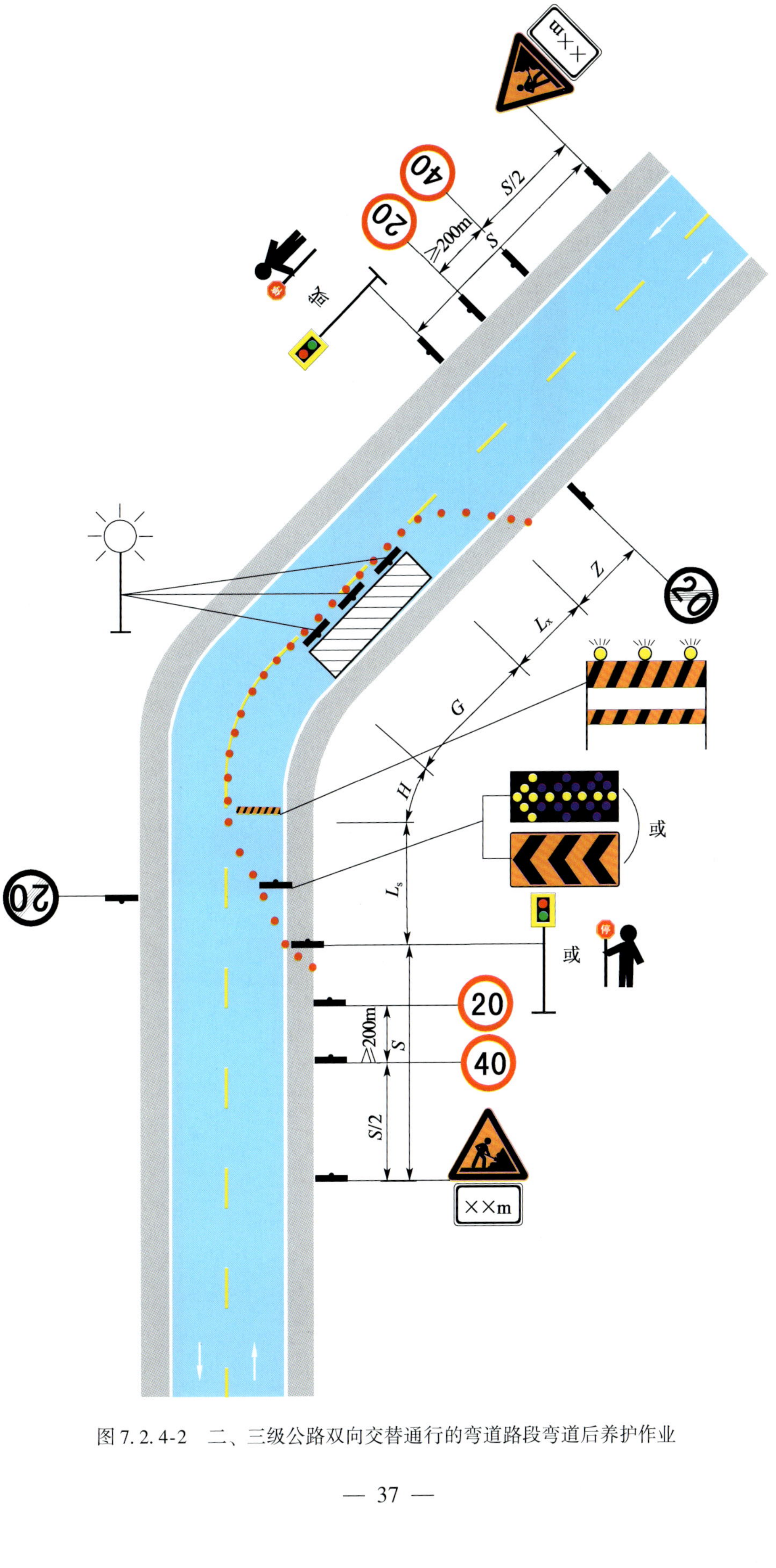

图 7.2.4-2　二、三级公路双向交替通行的弯道路段弯道后养护作业

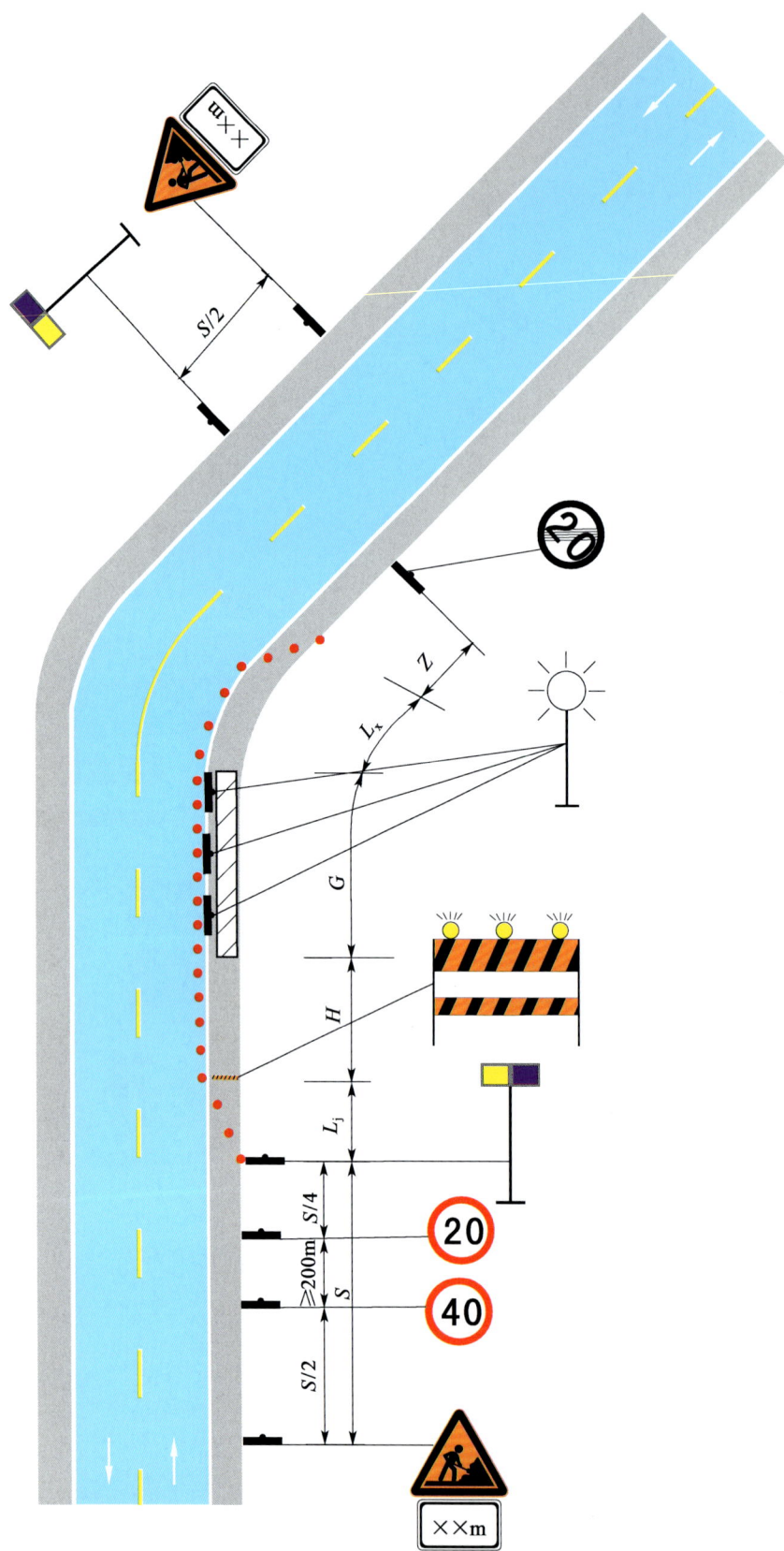

图 7.2.4-3　二、三级公路双向通行的弯道路段弯道前养护作业

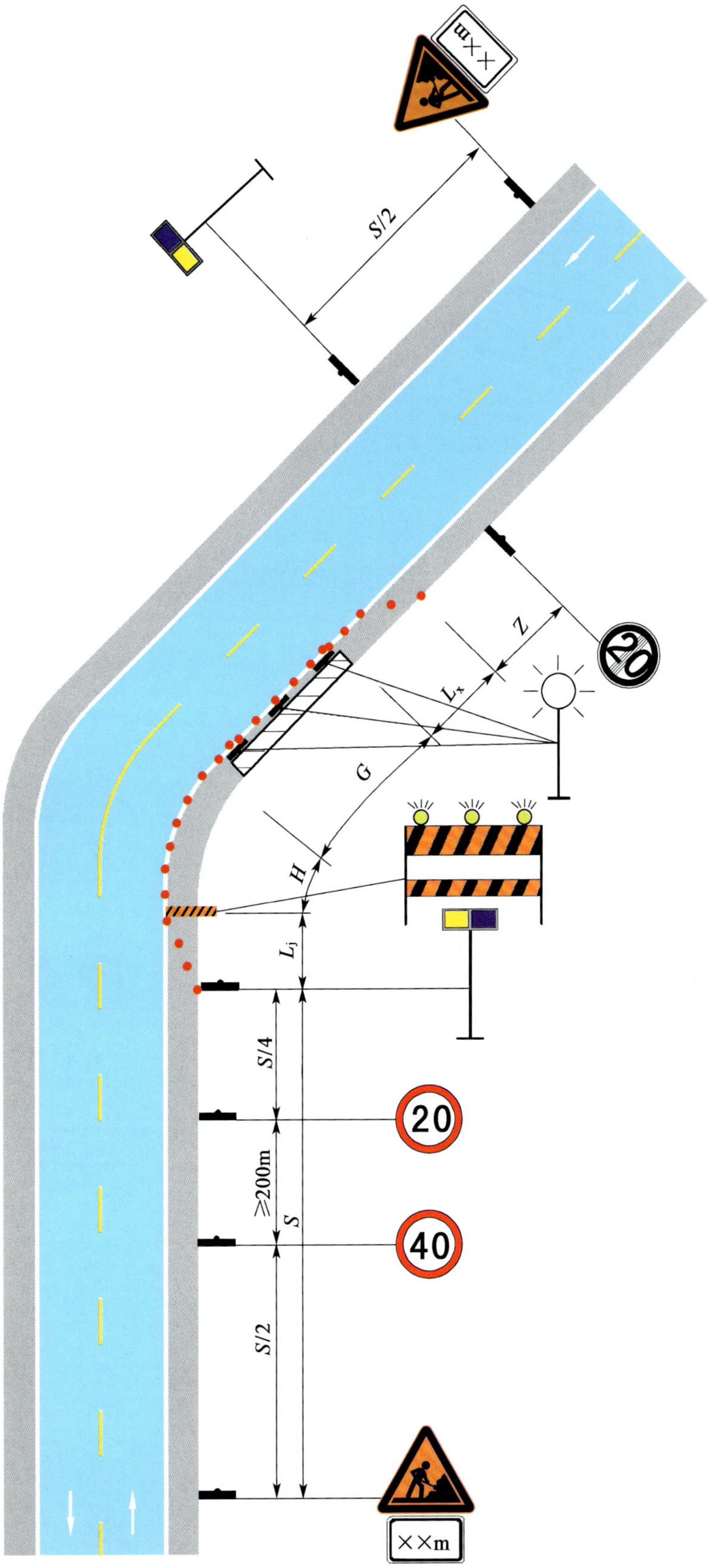

图 7.2.4-4　二、三级公路双向通行的弯道路段弯道后养护作业

2 连续弯道路段养护作业，警告区起点宜在弯道起点上，且警告区长度不宜超出最小长度的200m。对向车道的警告区和终止区布置示例可按本条第1款的有关规定执行。以设计速度60km/h为例，作业控制区布置示例见图7.2.4-5、图7.2.4-6。

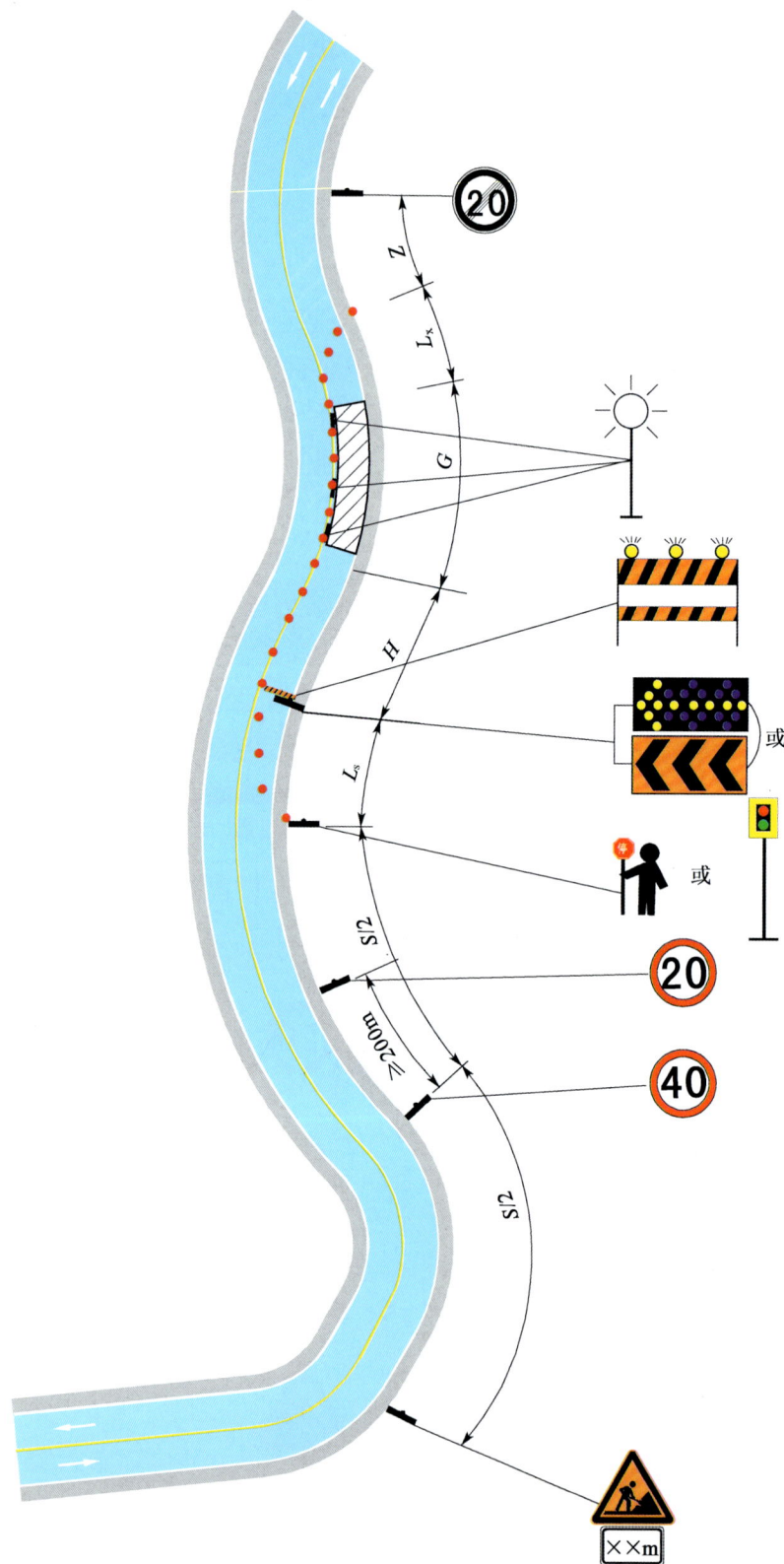

图7.2.4-5 二、三级公路双向交替通行的连续弯道路段养护作业

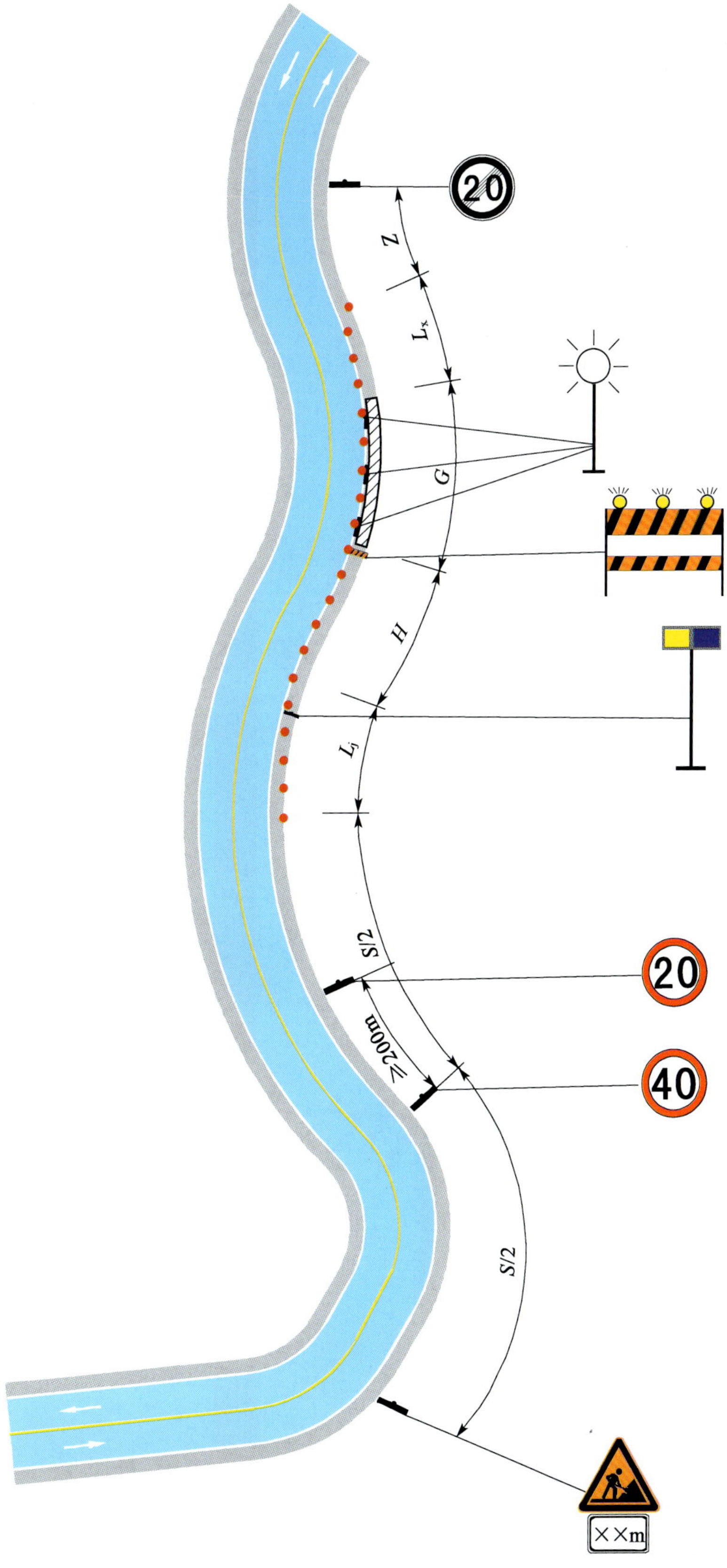

图 7.2.4-6 二、三级公路双向通行的连续弯道路段养护作业

3 反向弯道路段养护作业，上游过渡区应布置在反向弯道中间的平直路段；当警告区起点在弯道上时，应将其提前至该弯道起点。对向车道的警告区和终止区布置示例可按本条第 1 款的有关规定执行。以设计速度 60km/h 为例，作业控制区布置示例见图7.2.4-7、图7.2.4-8。

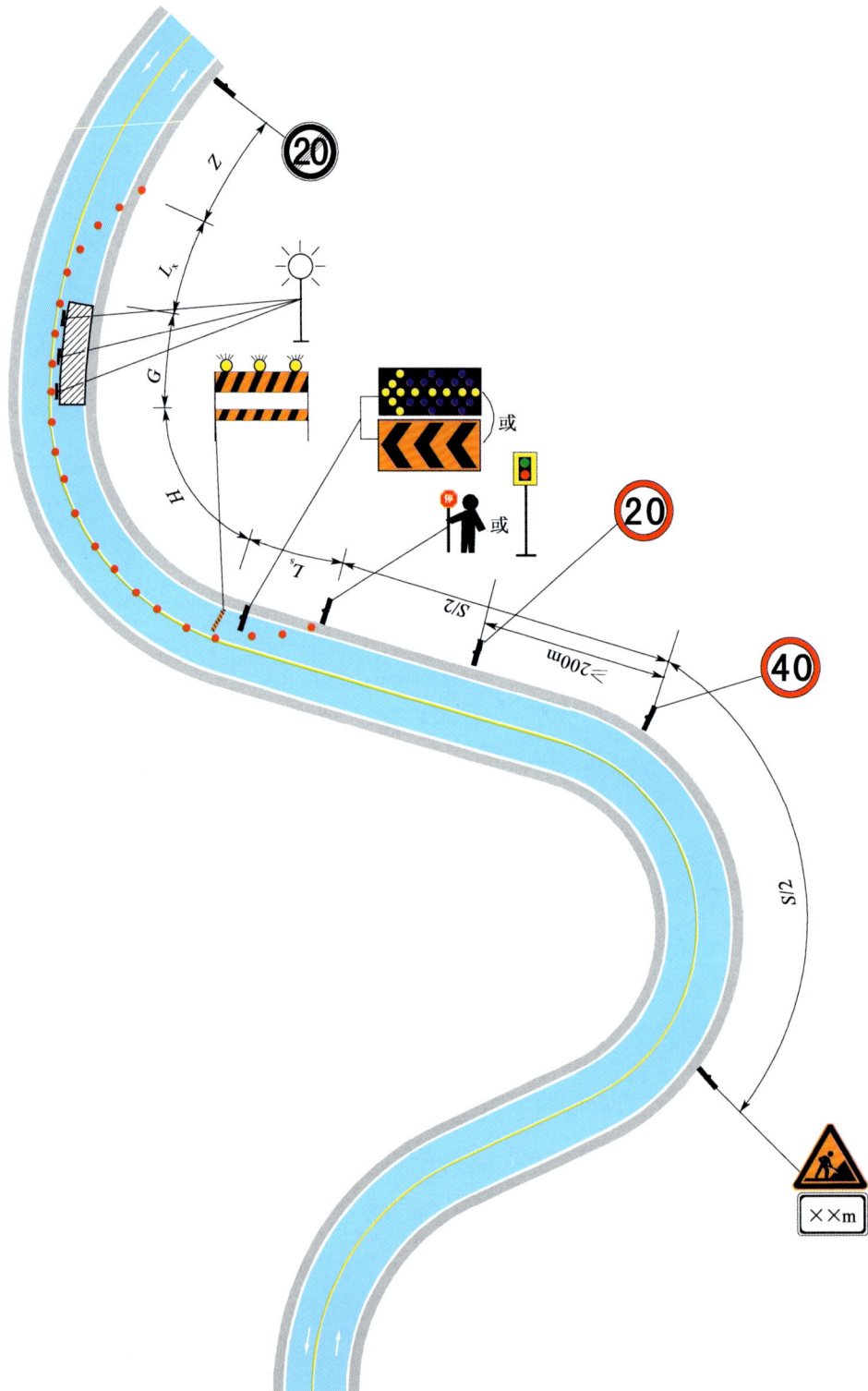

图7.2.4-7　二、三级公路双向交替通行的反向弯道路段养护作业

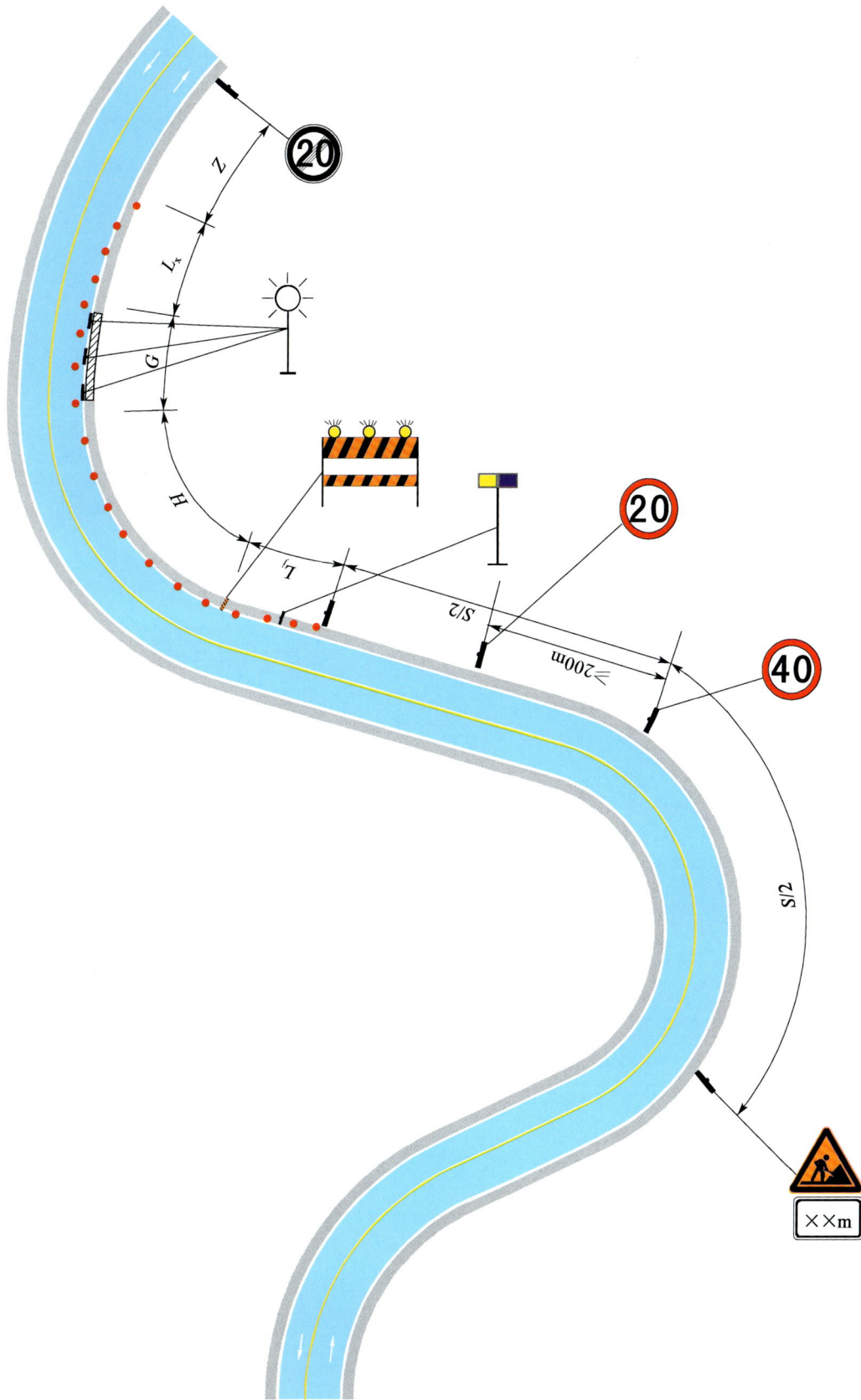

图 7.2.4-8　二、三级公路双向通行的反向弯道路段养护作业

4 回头弯道路段养护作业，回头曲线段的作业车道应作为缓冲区。对向车道的警告区和终止区布置示例可按本条第 1 款的有关规定执行。以设计速度 60km/h 为例，作业控制区布置示例见图 7.2.4-9、图 7.2.4-10。

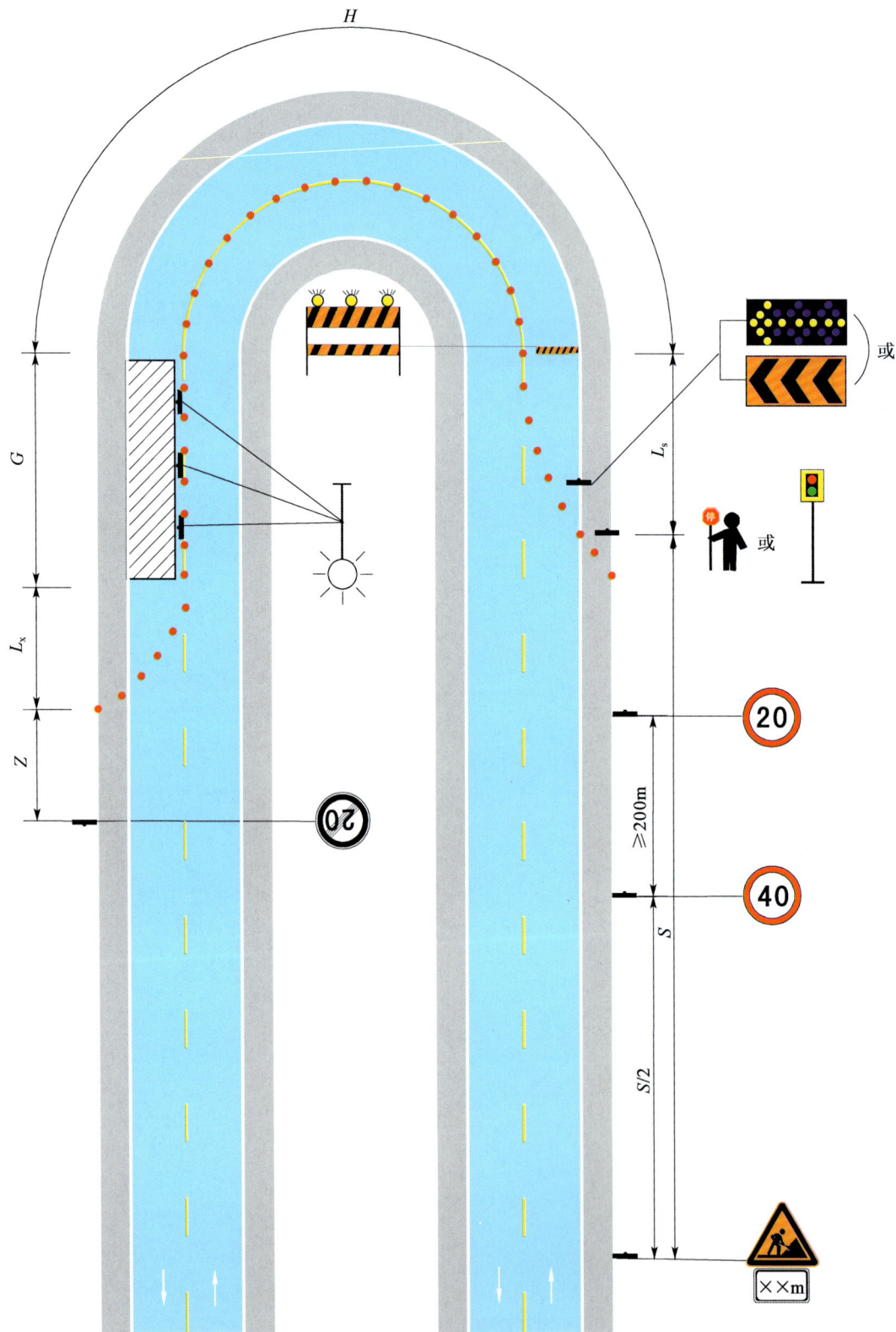

图 7.2.4-9 二、三级公路双向交替通行的回头弯道路段养护作业

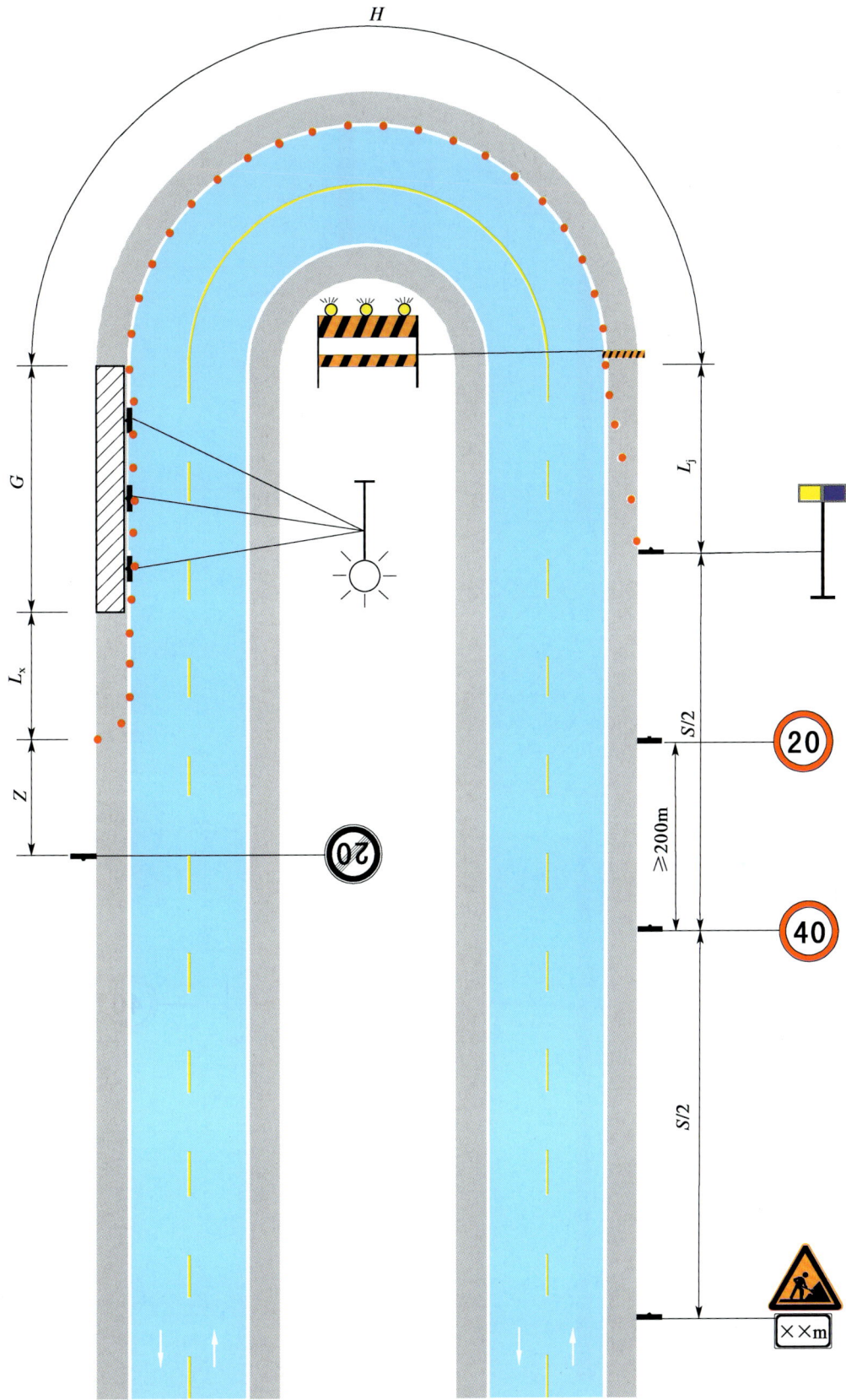

图 7.2.4-10　二、三级公路双向通行的回头弯道路段养护作业

7.2.5 纵坡路段养护作业，应在竖曲线顶点配备交通引导人员；工作区在封闭车道行车方向的下坡路段时，在工作区或上游过渡区与缓冲区之间应布设防撞桶、水马、防撞墙、隔离墩等安全设施。对向车道的警告区和终止区布置示例可按第 7.2.4 条第 1 款的有关规定执行。以设计速度 60km/h 为例，作业控制区布置示例见图 7.2.5-1、图 7.2.5-2。

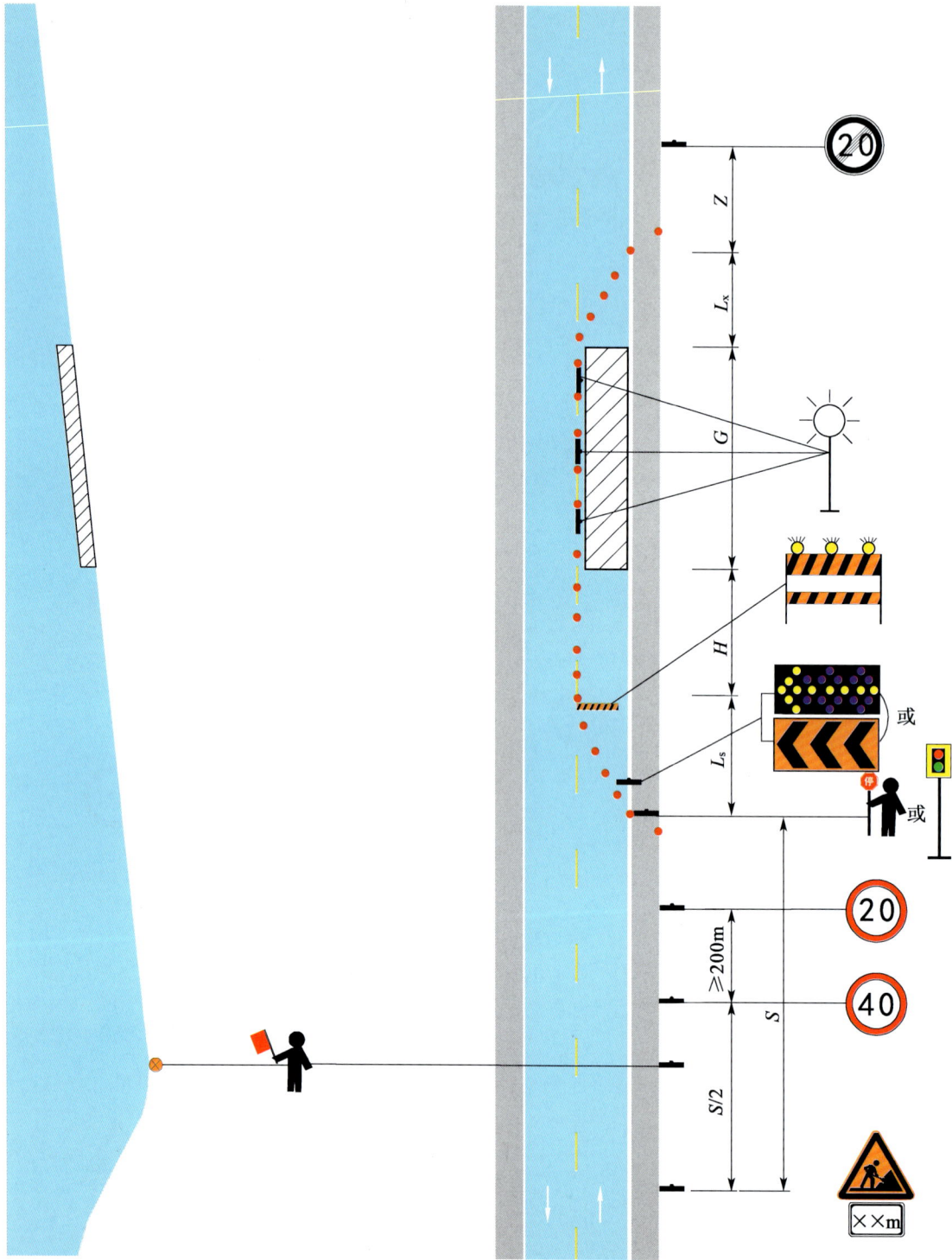

图 7.2.5-1　二、三级公路双向交替通行的纵坡路段养护作业

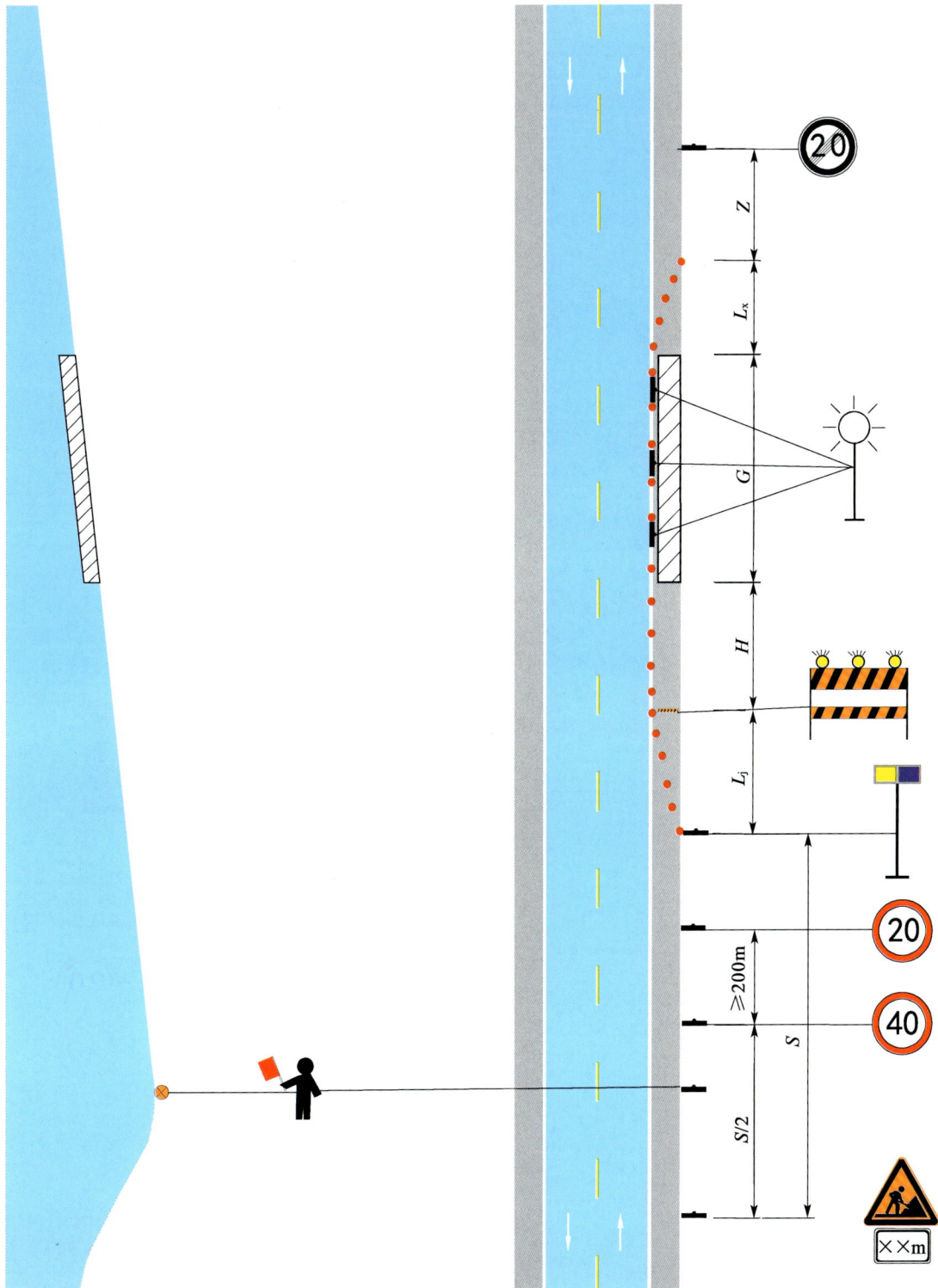

图 7.2.5-2　二、三级公路双向通行的纵坡路段养护作业

7.2.6 临时养护作业控制区可简化为警告区、上游过渡区、工作区和下游过渡区，警告区长度宜取长、短期养护作业警告区长度的一半。当布设移动式标志车时，可不布置上游过渡区，移动式标志车与工作区净距宜为 10～20m。对向车道可仅布置警告区。以设计速度 60km/h 和 40km/h 为例，作业控制区布置示例见图 7.2.6-1～图 7.2.6-3。

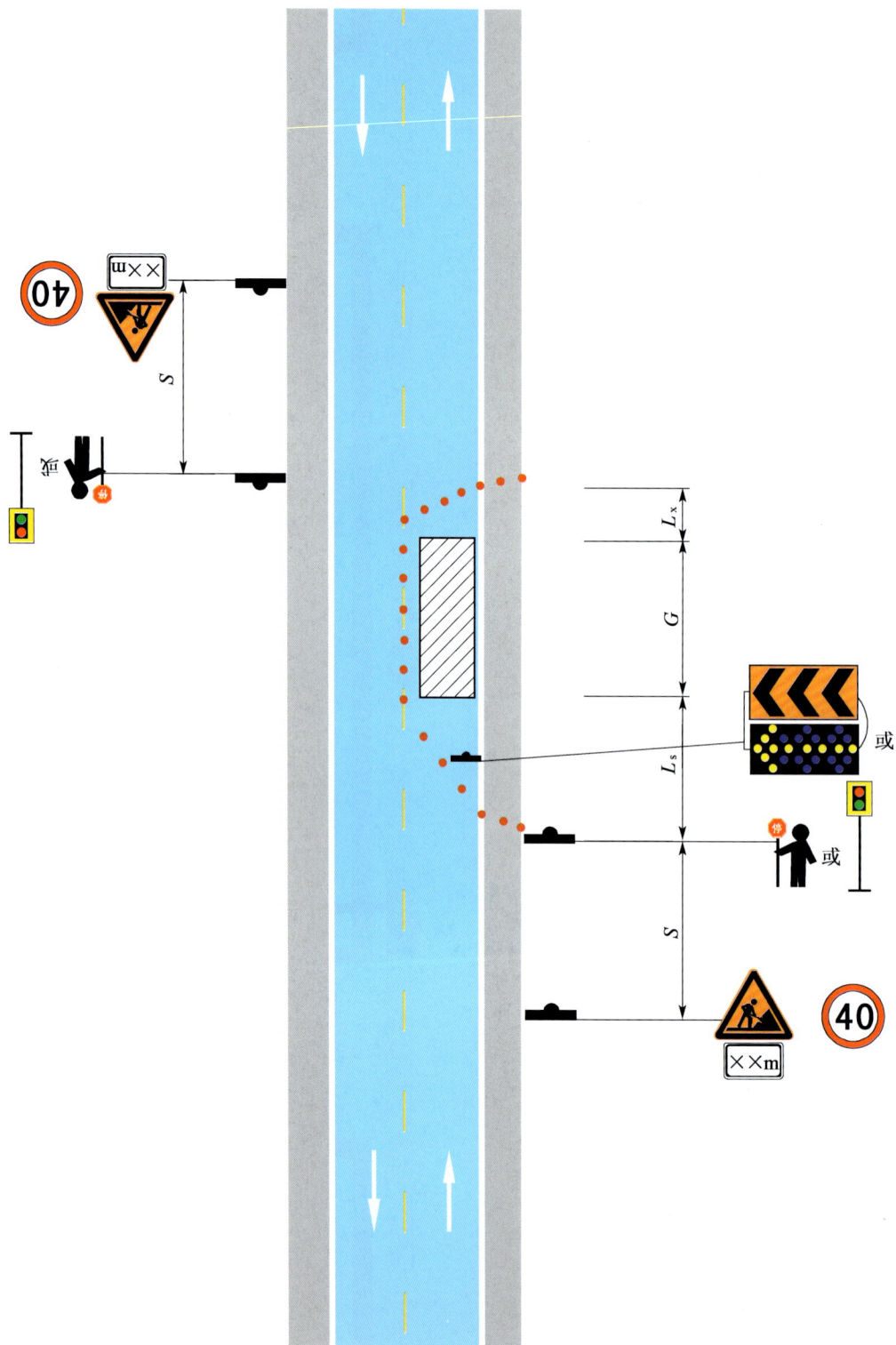

图 7.2.6-1　二、三级公路平直路段临时养护作业（1）

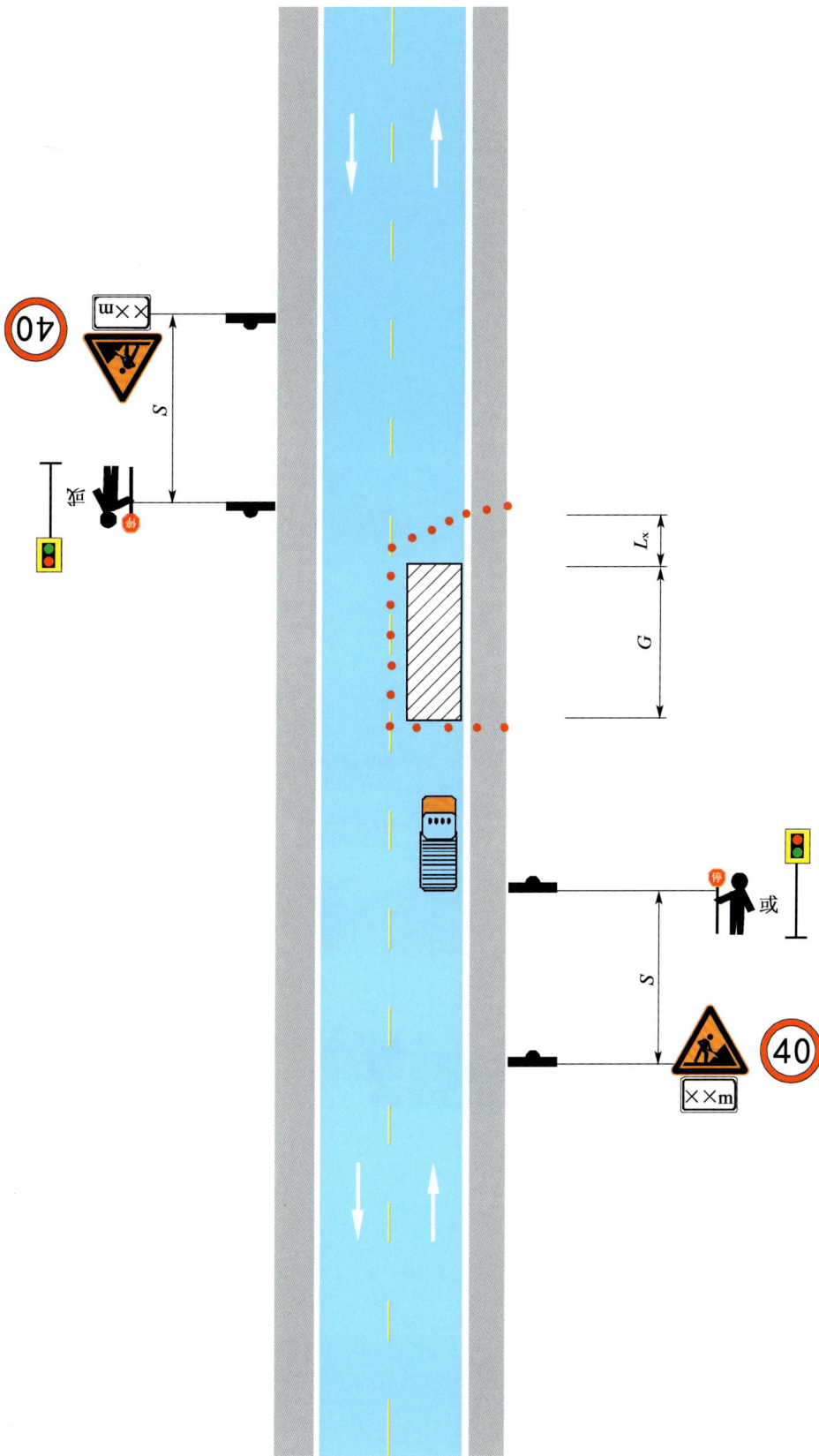

图 7.2.6-2　二、三级公路平直路段临时养护作业（2）

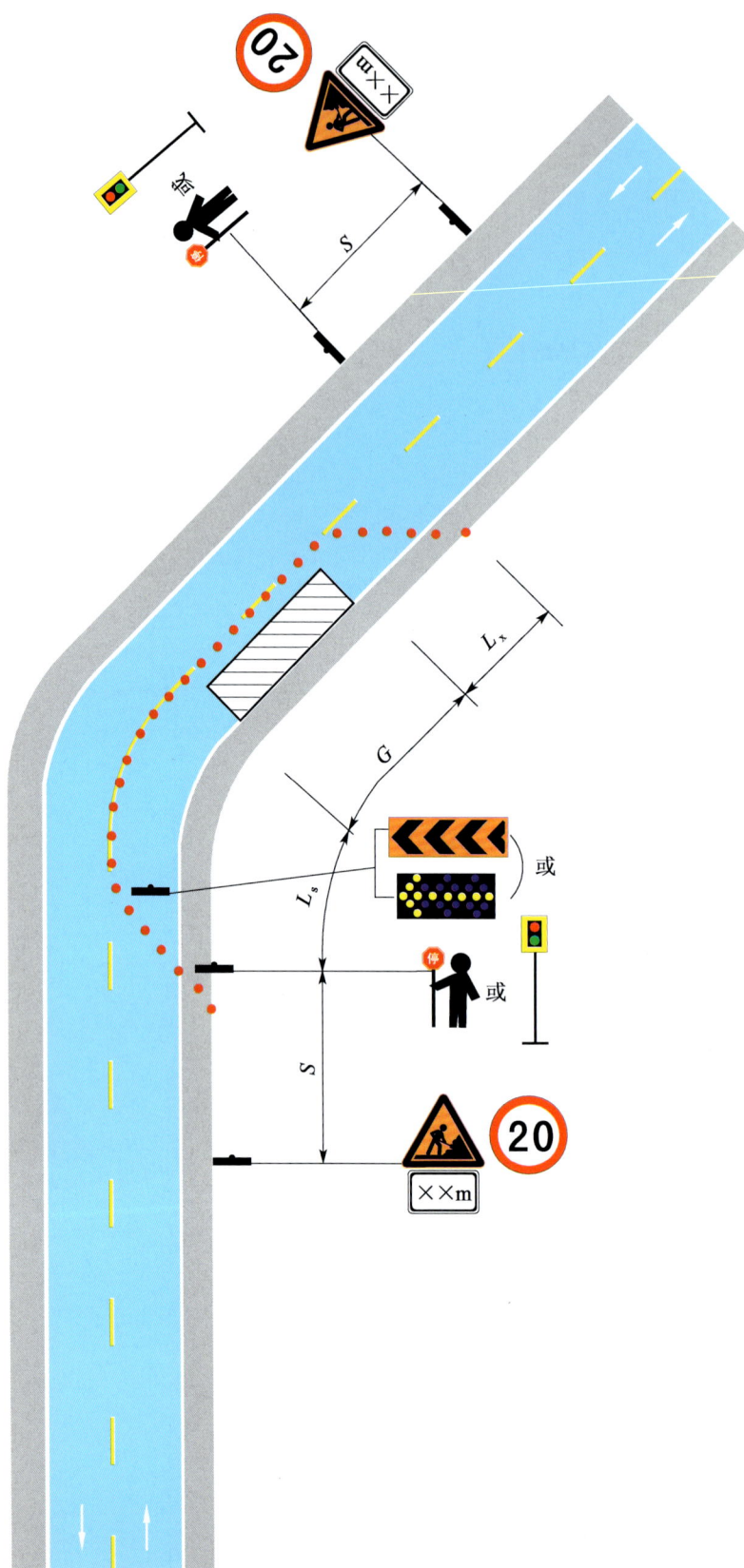

图 7.2.6-3　二、三级公路弯道路段临时养护作业

7.2.7 移动养护作业控制区布置应符合下列规定：

1 机械移动养护作业宜布设移动式标志车，弯道路段养护作业应将移动式标志车移至弯道前。作业控制区布置示例见图6.2.6。

2 人工移动养护作业，宜封闭一定范围的养护作业区域，并按临时养护作业的有关规定执行。

8　四级公路养护作业控制区布置

8.1　一般规定

8.1.1　养护作业控制区布置除应符合本规程第6.1.1条的有关规定外，尚应兼顾养护作业控制区交通组成特殊性、线形特征等因素。

8.1.2　长期和短期养护作业控制区可仅布置警告区、上游过渡区、工作区和下游过渡区，临时和移动养护作业控制区可仅布置警告区和工作区。

8.1.3　警告区内应布设施工标志、限速标志，上游过渡区、工作区、下游过渡区应布设交通锥，上游过渡区内应布设交通引导人员，视距不良路段养护作业时应增设一名交通引导人员。

8.2　养护作业控制区布置

8.2.1　双车道四级公路封闭单车道的养护作业，以设计速度30km/h为例，养护作业控制区布置示例见图8.2.1-1、图8.2.1-2。

8.2.2　单车道四级公路通行状态下的养护作业，应在工作区两端的错车台或平面交叉处各配备一名手持"停"标志的交通引导人员。以设计速度20km/h为例，作业控制区布置示例见图8.2.2-1、图8.2.2-2。

8.2.3　四级公路全封闭车道养护作业，在作业控制区前后的交叉路口应布设道路封闭或改道标志；无法改道时，车辆等待时间不宜超过2h。作业控制区布置示例见图8.2.3。

8.2.4　四级公路临时养护作业，应在工作区及前后两端布设标志及安全设施，可配备交通引导人员。作业控制区布置示例见图8.2.4。

8.2.5　四级公路移动养护作业应符合本规程第7.2.7条的有关规定。

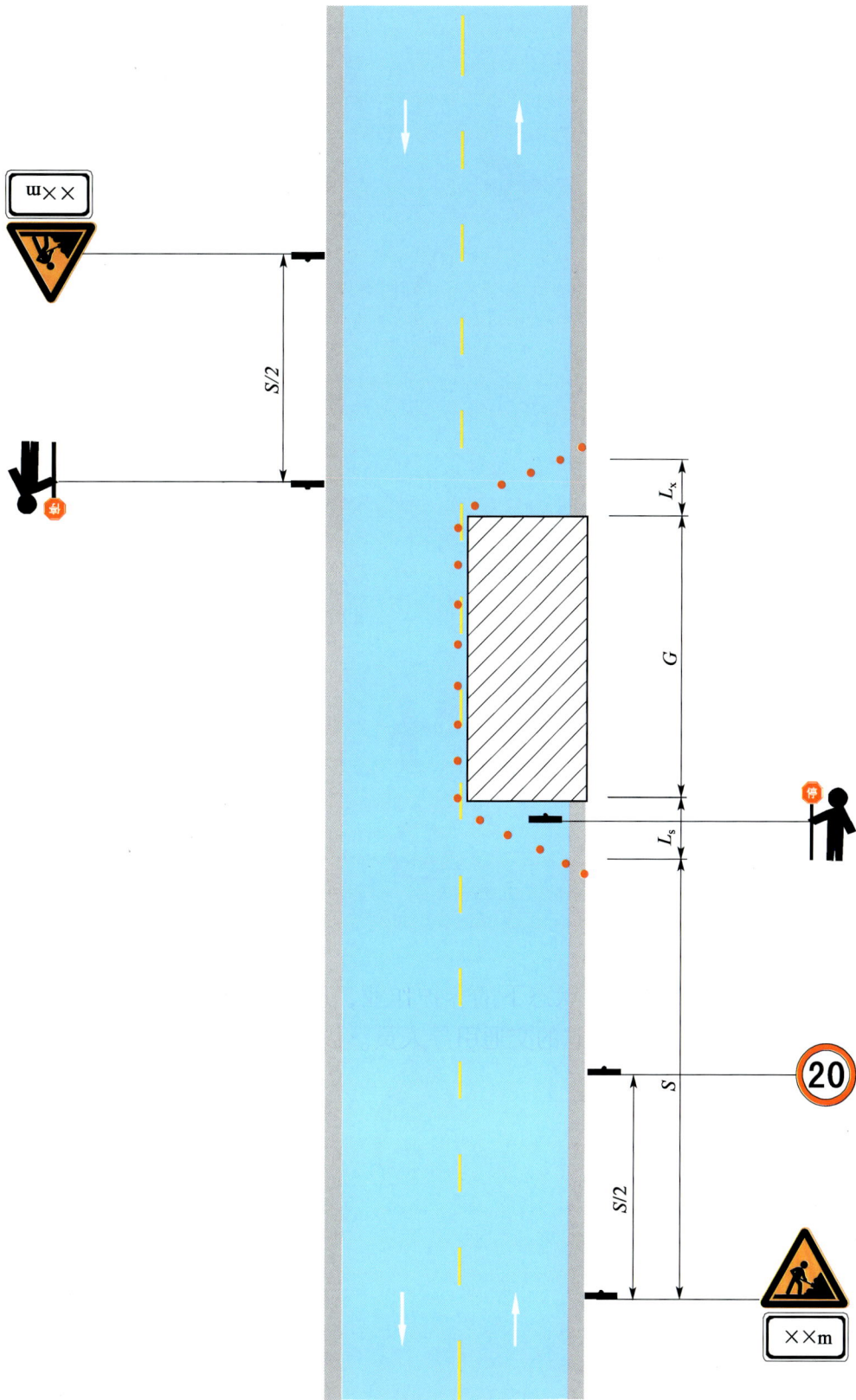

图 8.2.1-1　双车道四级公路封闭单车道养护作业

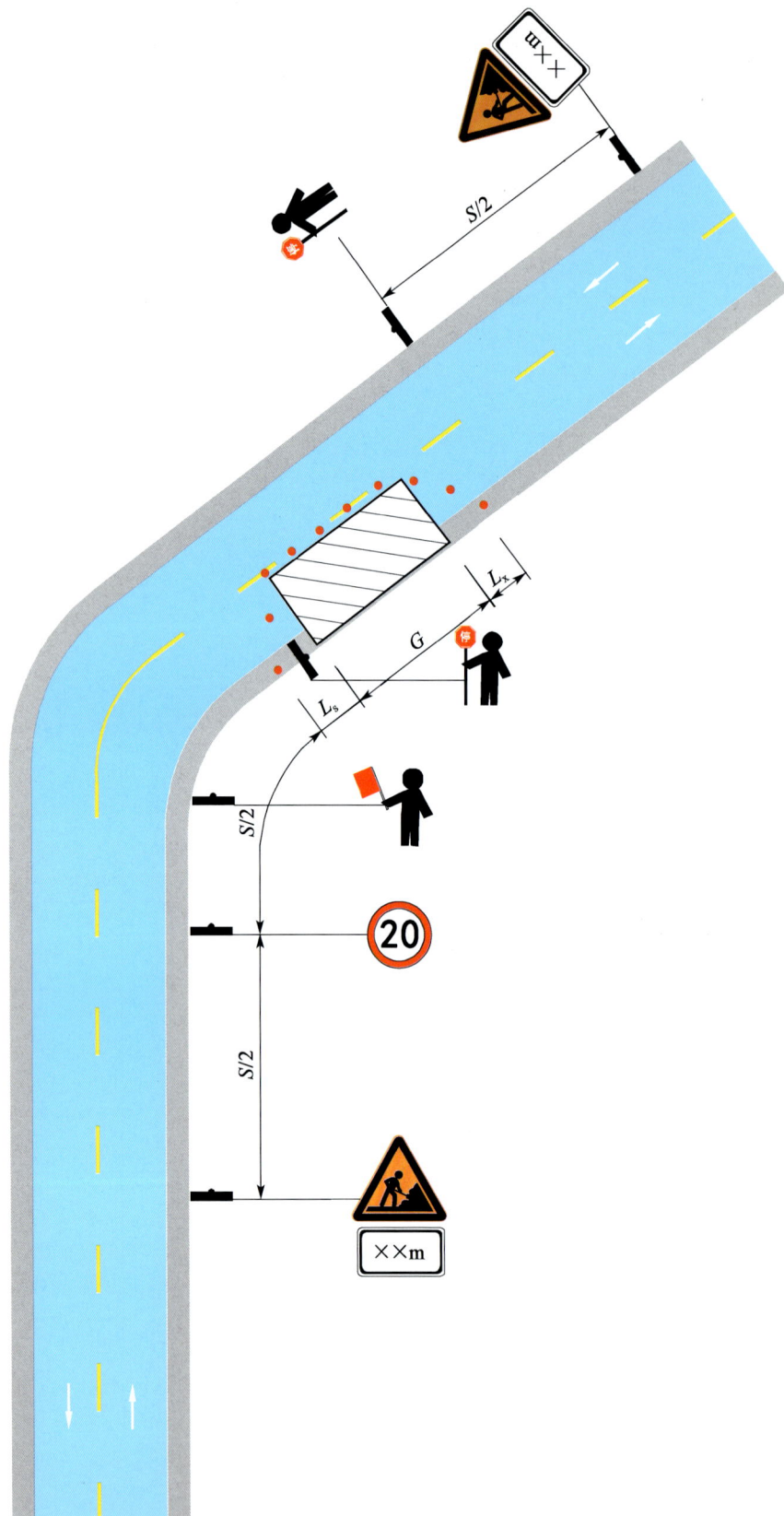

图 8.2.1-2　双车道四级公路弯道路段封闭单车道养护作业

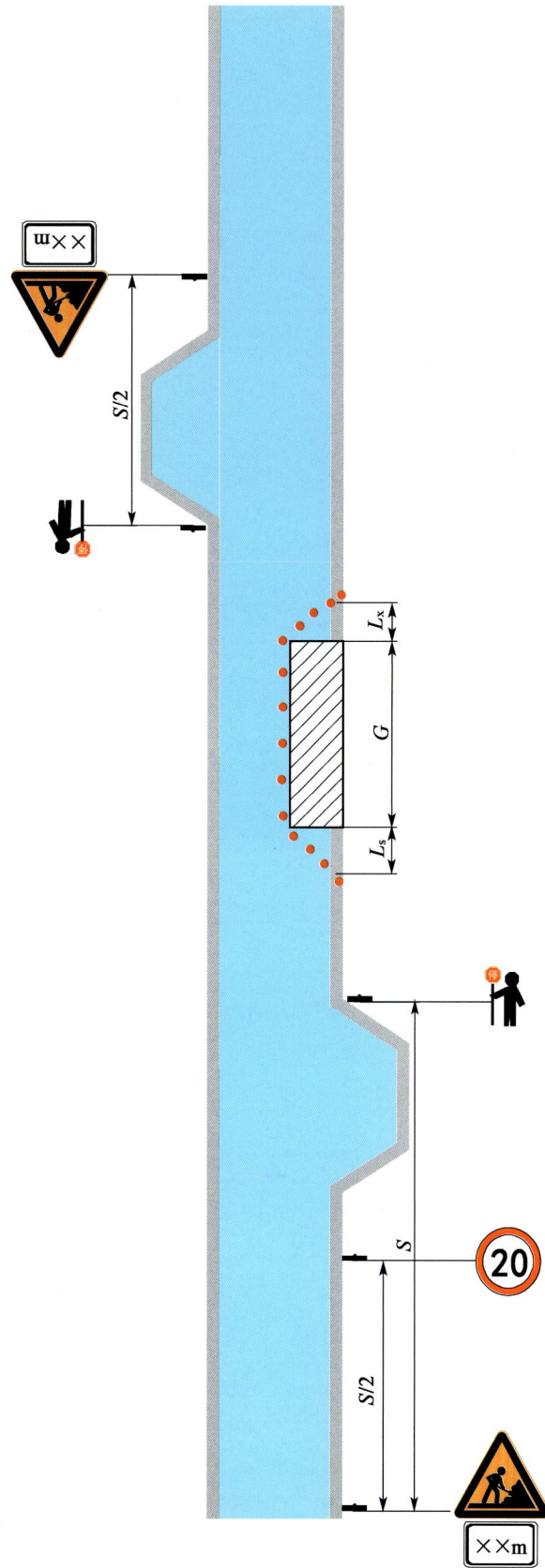

图 8.2.2-1　单车道四级公路封闭车道养护作业（1）

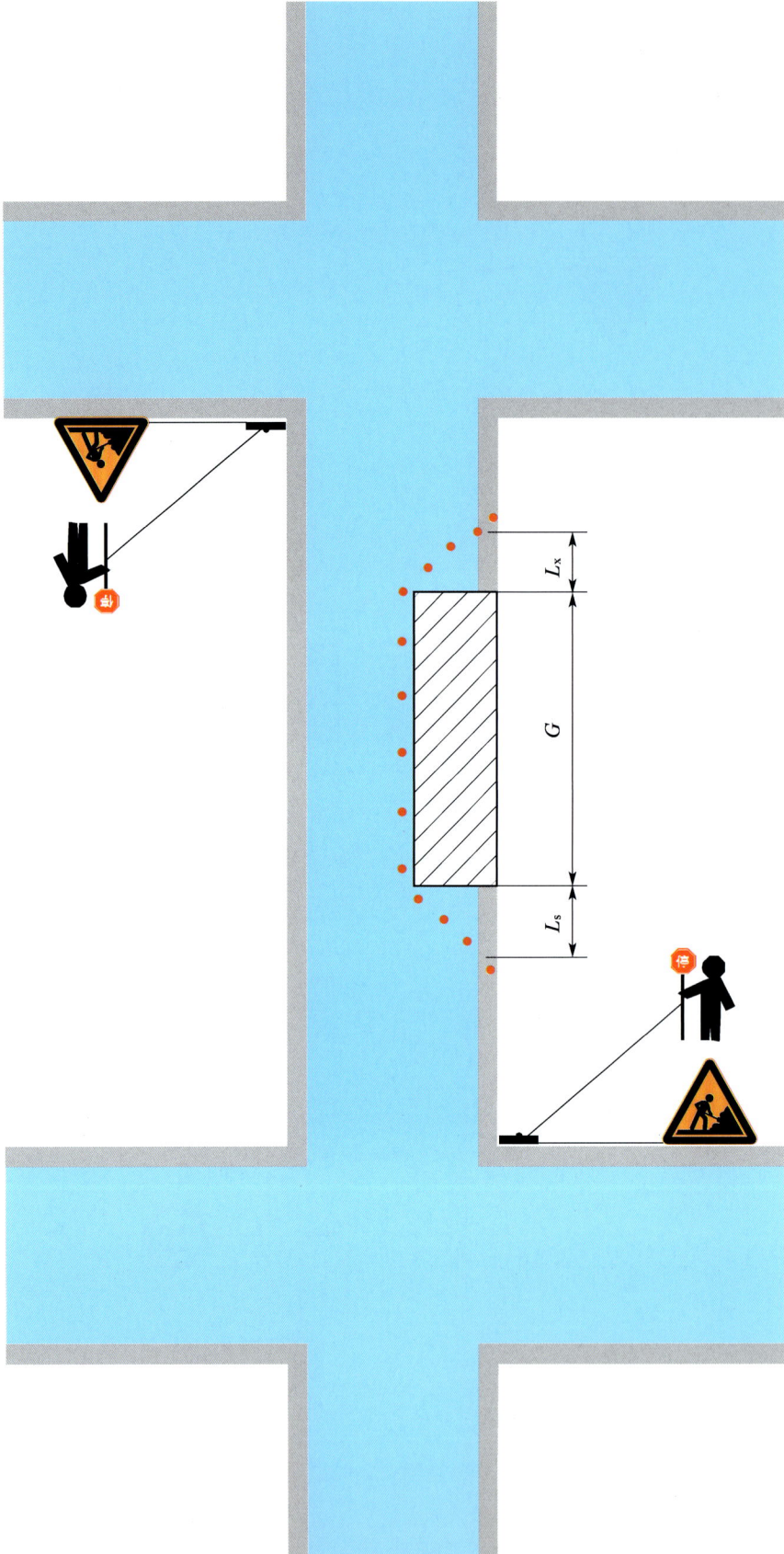

图 8.2.2-2　单车道四级公路封闭车道养护作业（2）

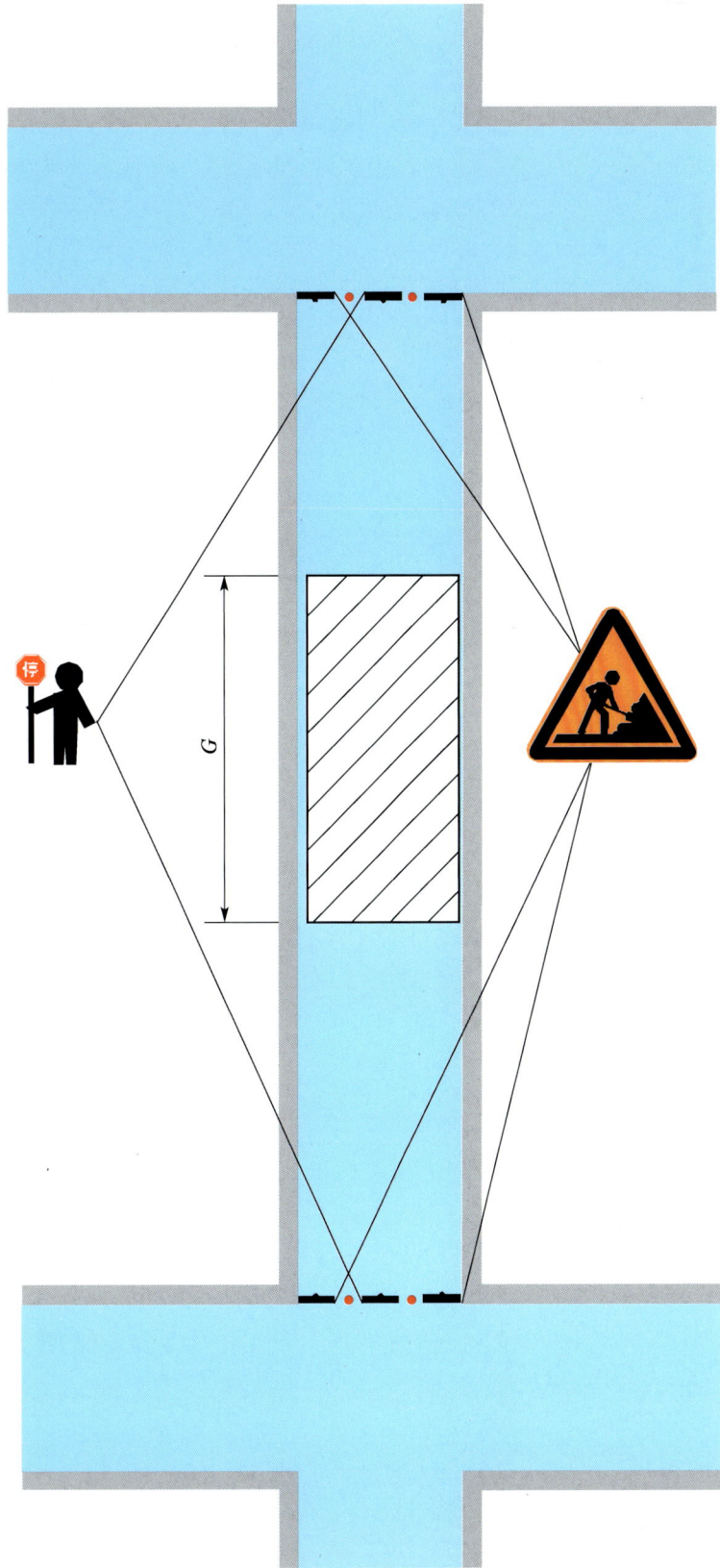

图 8.2.3　四级公路全封闭车道养护作业

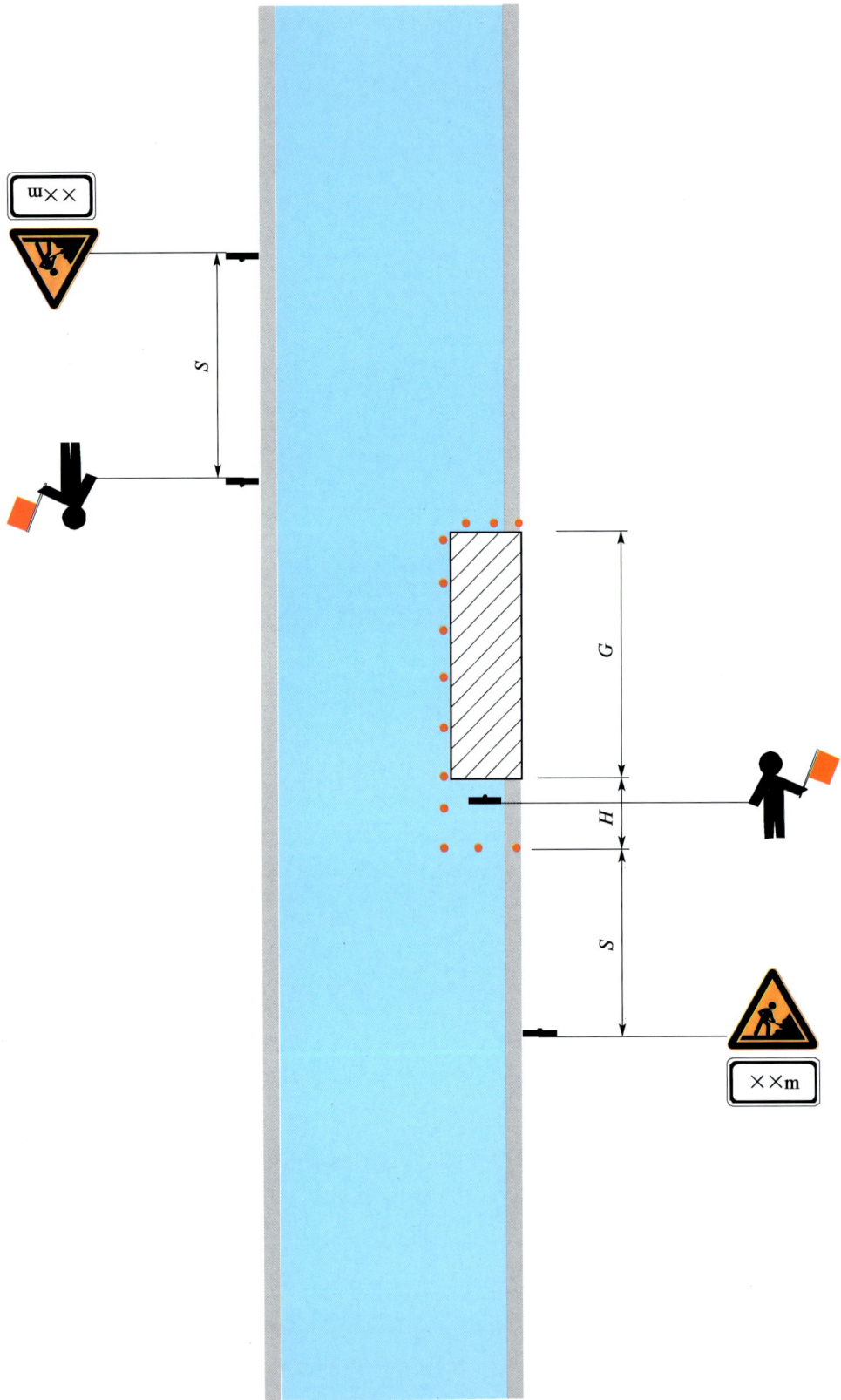

图 8.2.4　四级公路临时养护作业

9　桥涵养护作业控制区布置

9.1　一般规定

9.1.1　养护作业控制区布置除应符合本规程第 6.1.1 条的有关规定外，尚应兼顾养护作业控制区桥梁养护作业特点、养护作业位置、作业影响范围等因素。

9.1.2　桥梁养护作业时应加强车辆限速、限宽和限载的通行控制。经批准允许通行的危险品运输车辆应引导通过。

9.1.3　当预判桥梁养护作业会出现车辆排队时，应利用桥梁检查站、收费站、正常路段或警告区布置大型载重汽车停靠区，并布设"重车靠右停靠区"标志，间隔放行大型载重汽车，不得集中放行。

9.1.4　立交桥上养护作业控制区布置应符合下列规定：

　1　养护作业影响桥下净空时，应在立交桥下方公路上布设施工标志、限高及限宽标志，并不得向桥下抛投任何物品。

　2　养护作业占用下方公路路面时，立交桥下方公路应布置养护作业控制区。

9.1.5　桥梁养护作业影响桥下通航净空时，应按有关规定布设标志及安全设施。

9.1.6　特大、大桥养护作业除应满足桥梁养护作业控制区布置的一般要求外，尚应符合该特大、大桥养护作业的特定技术要求。

9.2　养护作业控制区布置

9.2.1　桥梁养护作业控制区布置应符合本规程第 6 章至第 8 章的有关规定。

9.2.2　中、小桥和涵洞养护作业应封闭整条作业车道作为工作区，纵向缓冲区终点宜止于桥头。以设计速度 100km/h 为例，作业控制区布置示例见图 9.2.2。

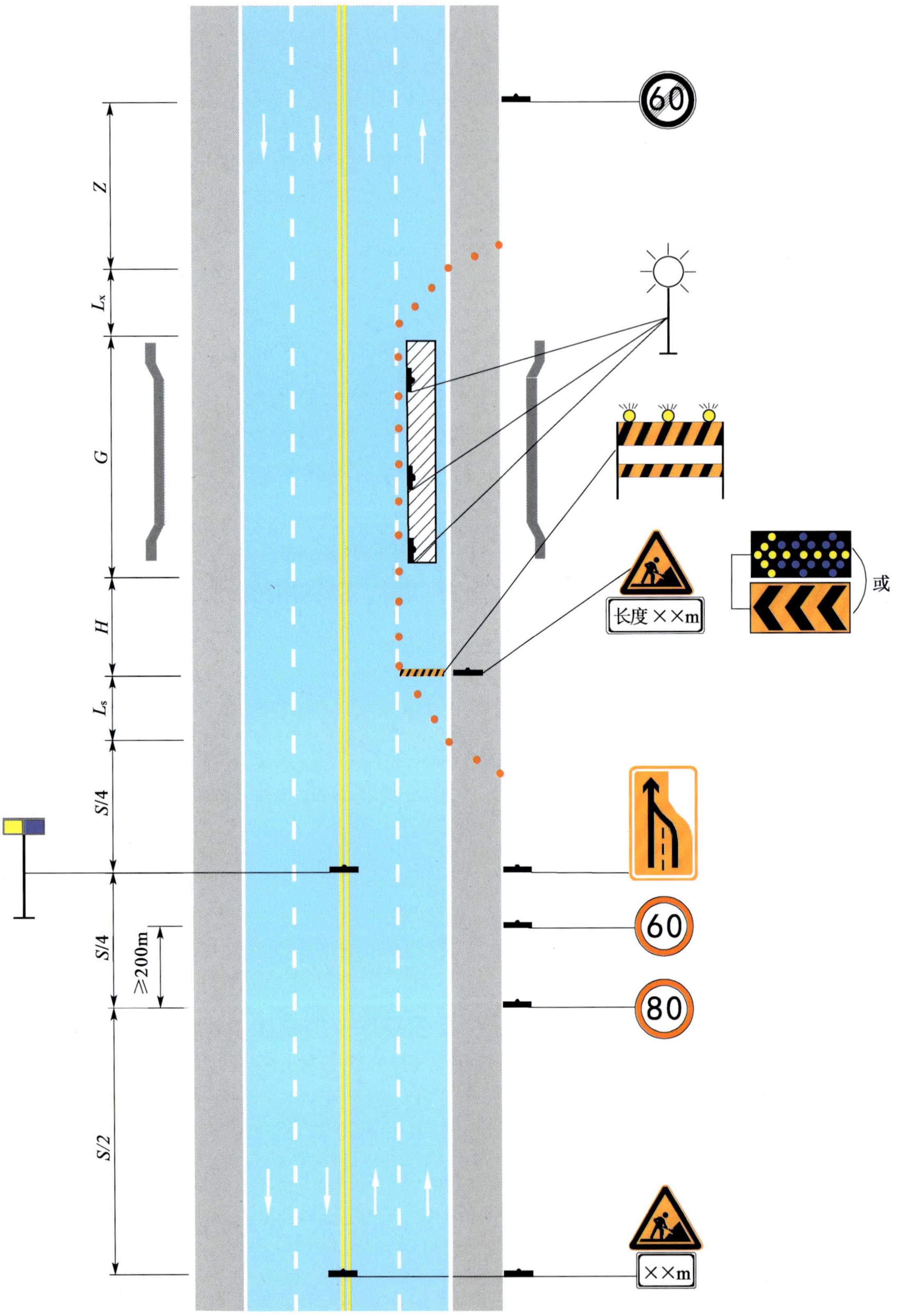

图 9.2.2 中、小桥桥面封闭车道养护作业

9.2.3 特大、大桥养护作业控制区布置应符合下列规定：

1 工作区起点距桥头小于 300m 时，纵向缓冲区起点应提前至桥头。以设计速度 100km/h 为例，作业控制区布置示例见图 9.2.3-1。

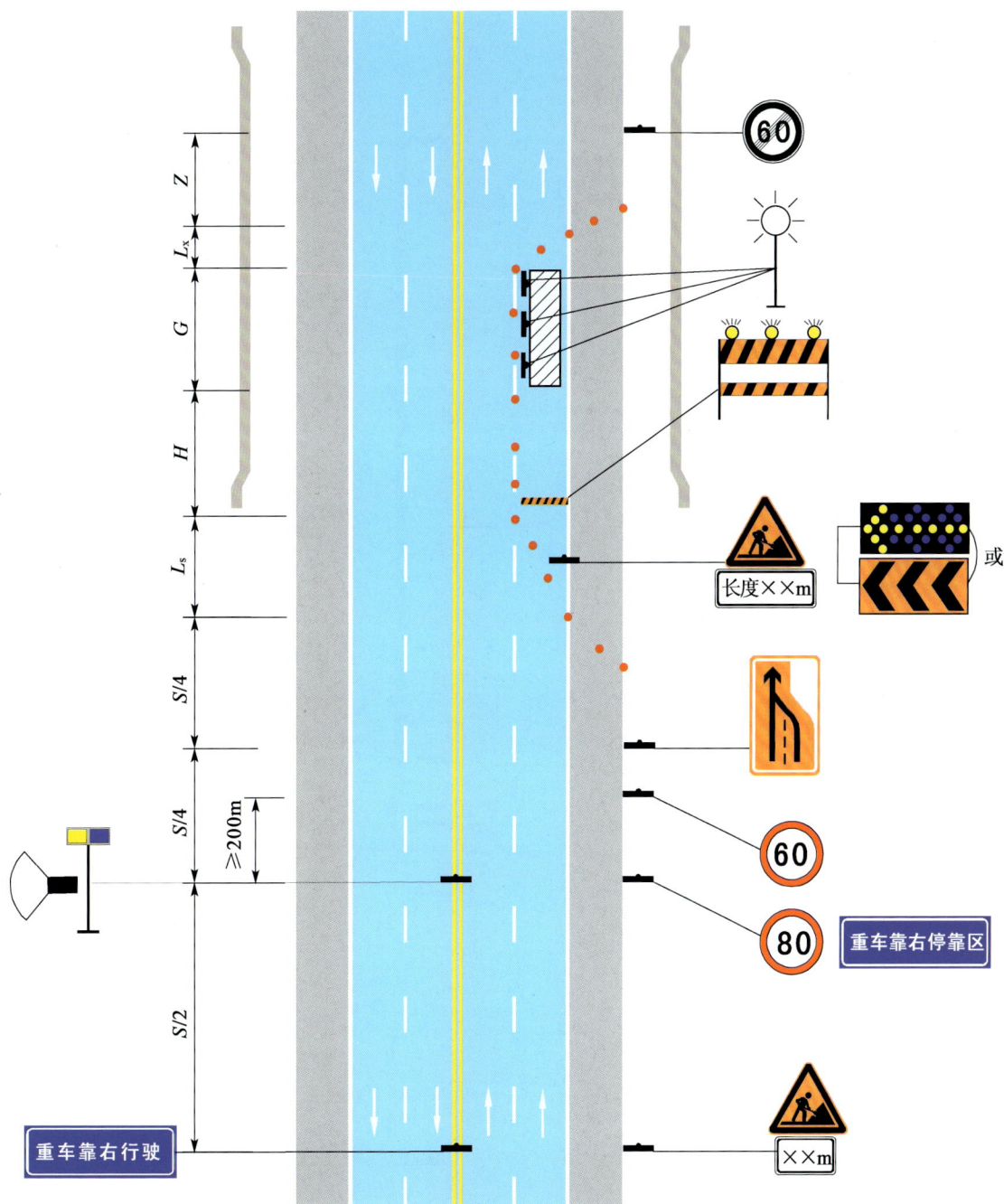

图 9.2.3-1 工作区起点距桥头小于 300m 的特大、大桥封闭车道养护作业

2 工作区起点距桥头大于或等于 300m 时，应按相应的等级公路养护作业控制区布置，并在桥头布设施工标志。以设计速度 100km/h 为例，作业控制区布置示例见图 9.2.3-2。

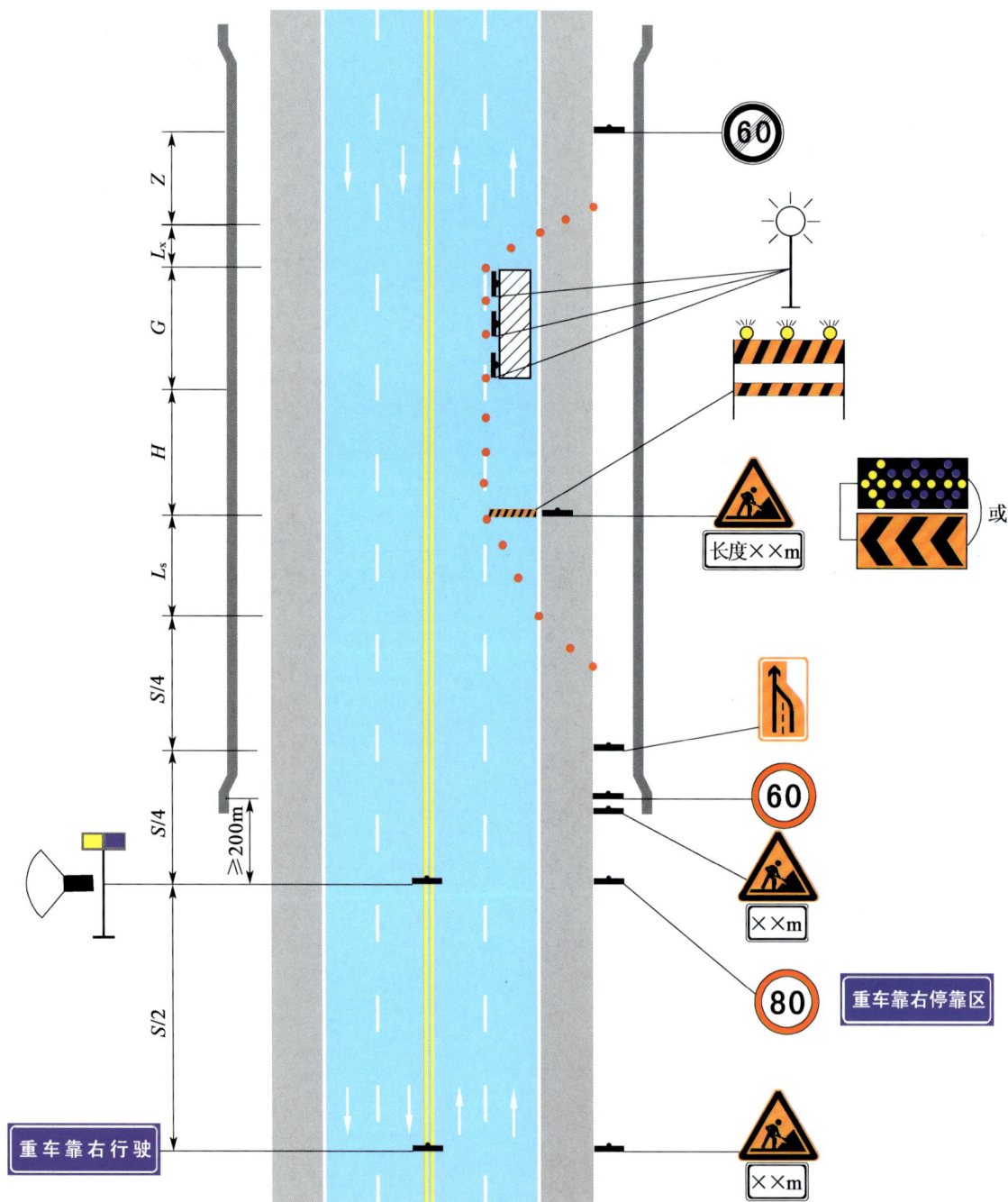

图 9.2.3-2　工作区起点距桥头大于或等于 300m 的特大、大桥封闭车道养护作业

9.2.4 桥梁半幅封闭养护作业控制区布置，应符合下列规定：

1 特大、大桥中央分隔带可设开口时，应按本规程第 4.0.6 条的有关规定执行；中间分隔带不能设开口时，上游过渡区终点应止于桥头。

2 借用对向车道通行的桥梁养护作业，应全时段配备交通引导人员。

以设计速度 100km/h 和 80km/h 为例，作业控制区布置示例见图 9.2.4-1、图 9.2.4-2。

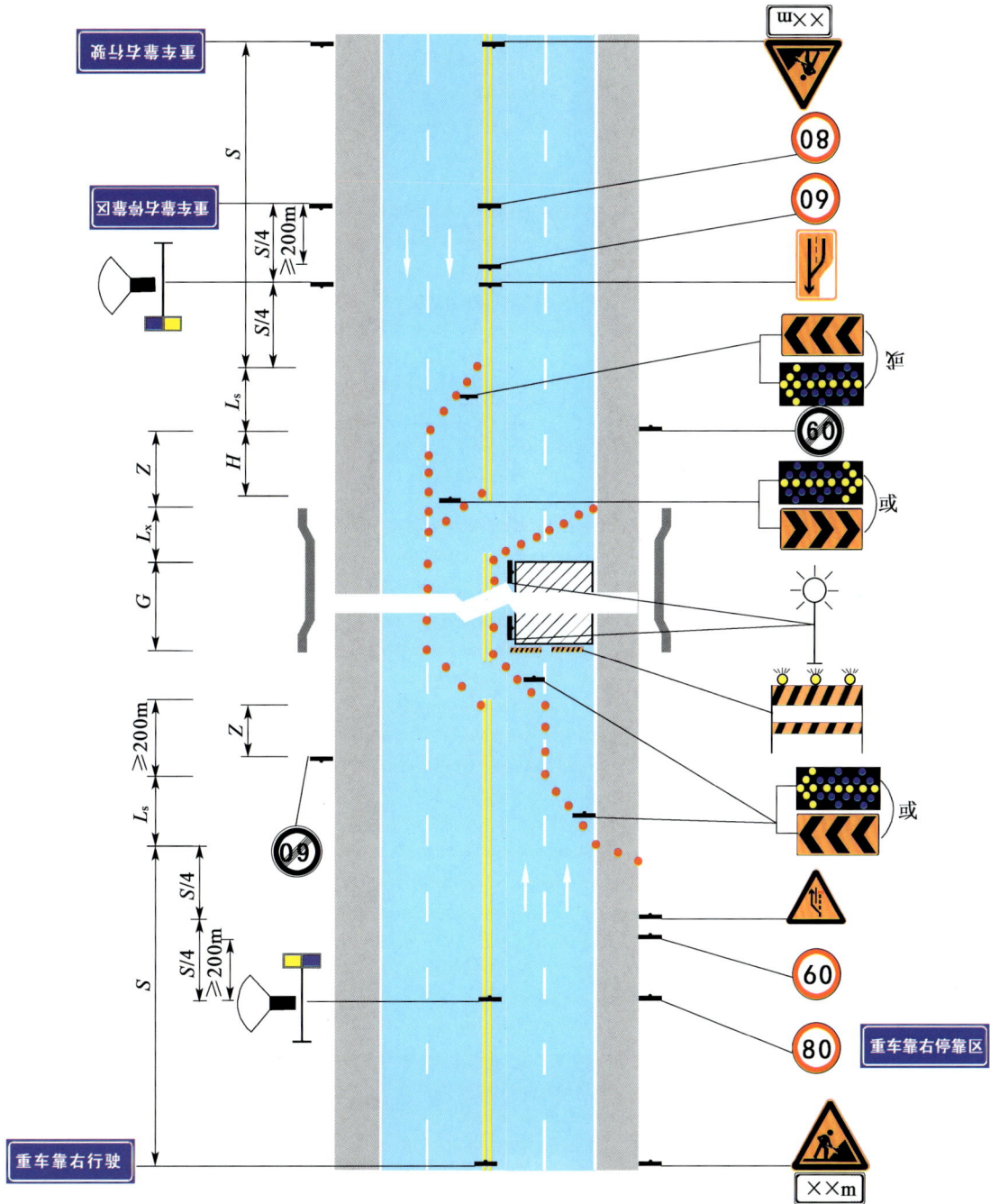

图 9.2.4-1 借用对向车道通行的桥梁养护作业

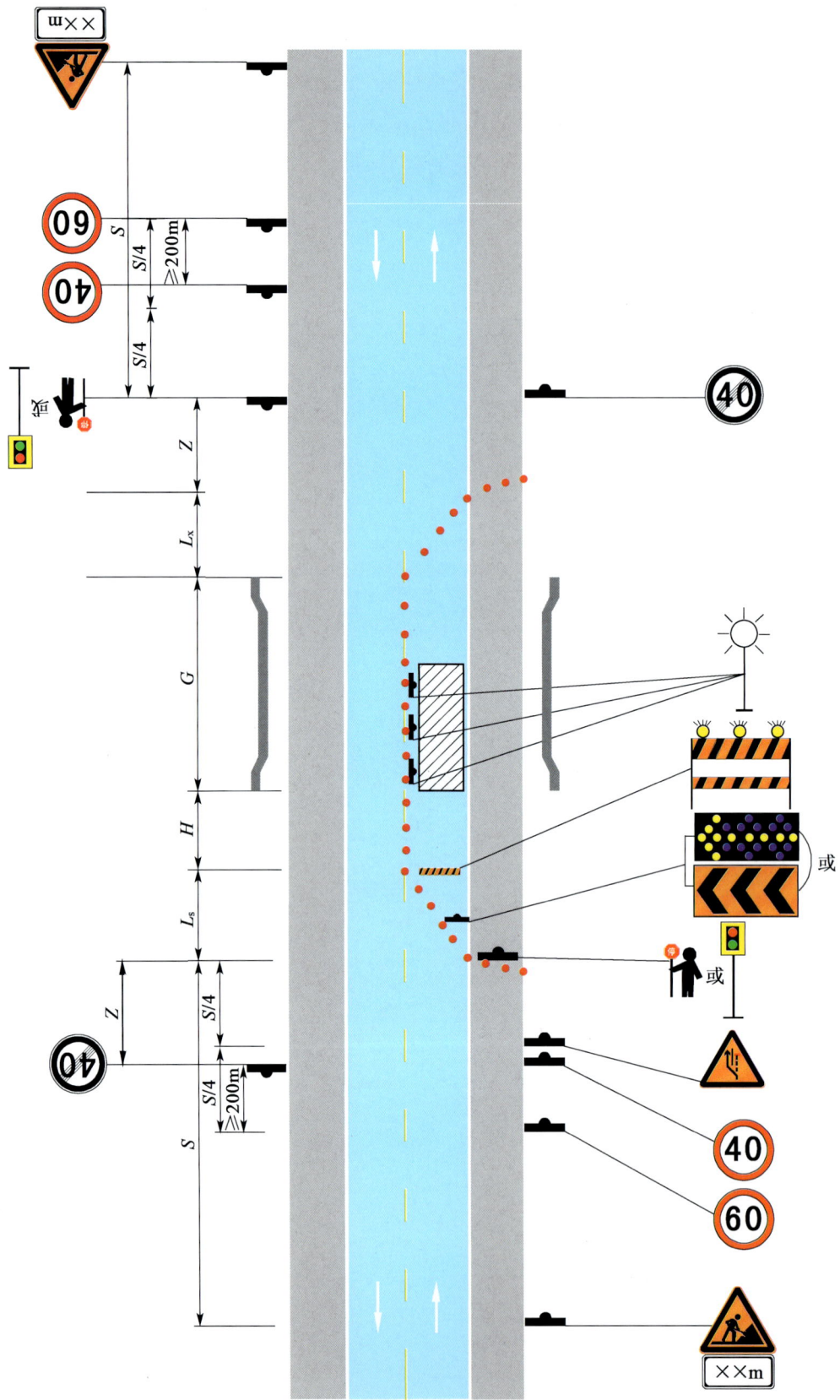

图 9.2.4-2 借用对向车道交替通行的桥梁养护作业

9.2.5 机动车道与非机动车道分隔的桥梁，非机动车道养护作业，非机动车借用机动车道行驶时，可将缓冲区并入工作区。以设计速度100km/h的公路为例，作业控制区布置示例见图9.2.5。特大、大桥非机动车道养护作业控制区布置尚应符合本规程第9.2.3条的有关规定。

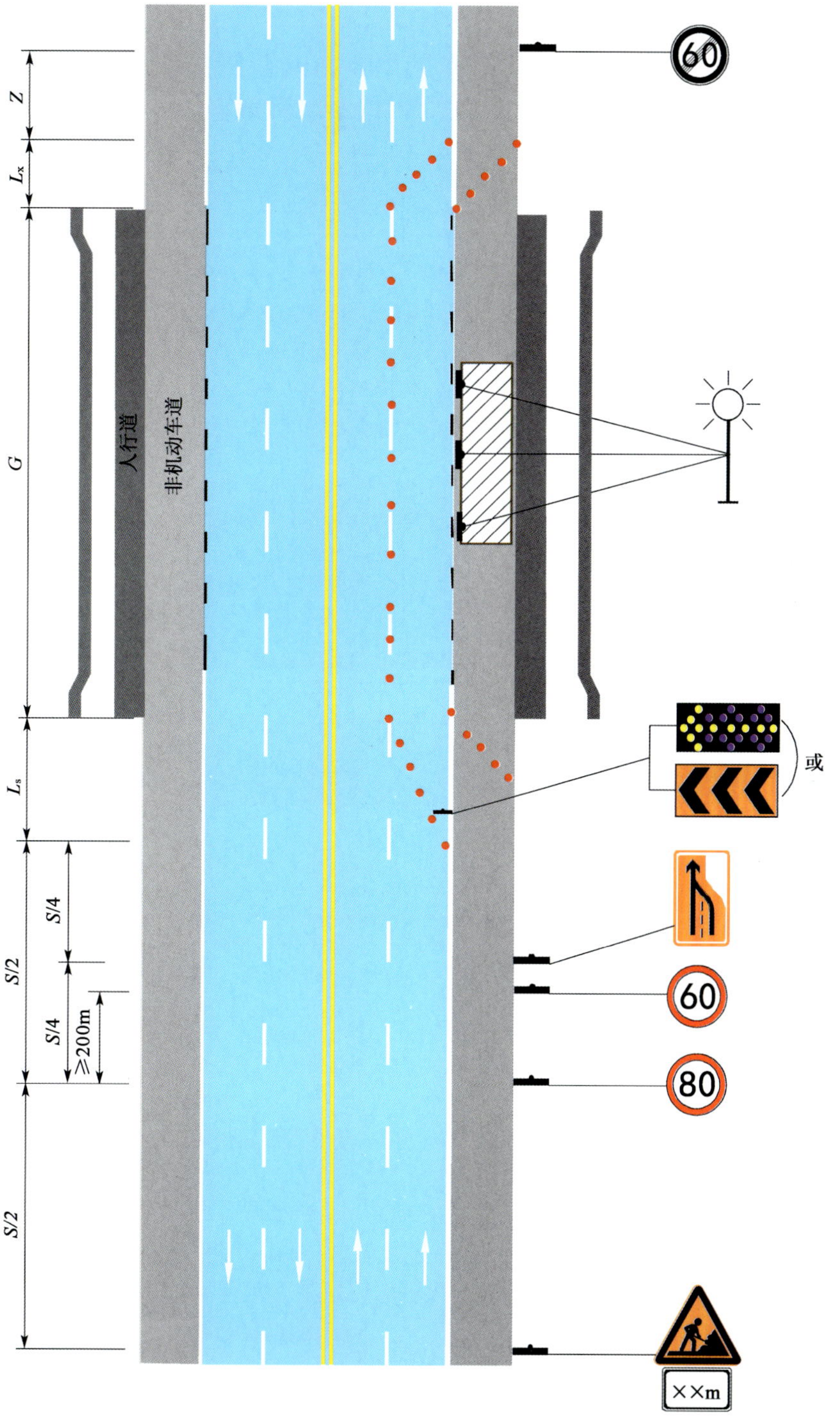

图9.2.5　桥梁封闭非机动车道养护作业

9.2.6 桥梁伸缩缝常规检查、清理作业可按临时养护作业控制区布置。桥梁伸缩缝更换作业应半幅封闭或全幅封闭受伸缩缝施工影响的桥孔，并应符合下列规定：

1 半幅封闭应按本规程第9.2.4条的有关规定执行。

2 全幅封闭应做好分流信息提示，并在作业控制区前后的交叉路口布设桥梁封闭或改道标志。

9.2.7 桥梁拉索、悬索及桥下部结构养护作业影响范围内，应将对应桥面封闭为工作区，并布置养护作业控制区；对影响净高或净宽的养护作业，应布设限高或限宽标志。

10　隧道养护作业控制区布置

10.1　一般规定

10.1.1　养护作业控制区布置除应符合本规程第6.1.1条的有关规定外，尚应兼顾养护作业控制区隧道养护作业特点、养护作业位置等因素。

10.1.2　隧道养护作业时，当隧道养护作业影响原建筑限界时，应设置限高及限宽标志。

10.1.3　隧道养护作业控制区中交通锥的布设间距不宜大于4m，缓冲区和工作区照明应满足养护作业照明要求。

10.1.4　隧道养护作业人员应穿戴反光服装和安全帽，养护作业机械应配备反光标志，施工台架周围应布设防眩灯。

10.1.5　隧道养护作业宜在交通量较小时进行。

10.1.6　特长、长隧道养护作业应全时段配备交通引导人员，轮换时间不应超过4h。

10.1.7　特长、长隧道养护作业时，应间隔放行大型载重汽车。

10.2　养护作业控制区布置

10.2.1　隧道养护作业控制区布置应符合本规程第6章至第8章的有关规定。

10.2.2　单洞双向隧道养护作业控制区布置应符合下列规定：

1　封闭一条车道双向交替通行时，隧道入口处应布设临时交通控制信号设施或配备交通引导人员，上游过渡区应布置在隧道入口前。以设计速度60km/h为例，作业控制区布置示例见图10.2.2-1、图10.2.2-2。

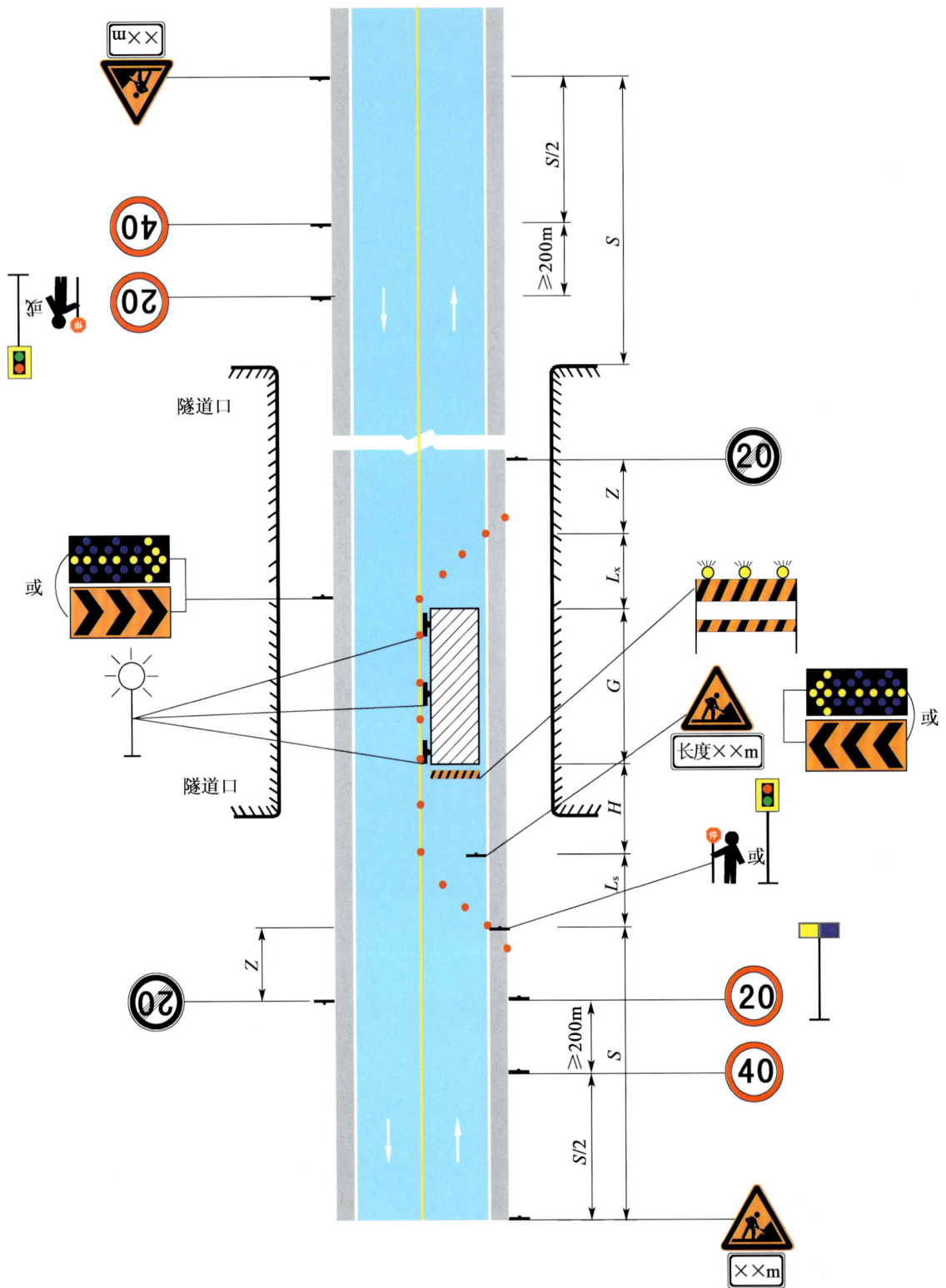

图 10.2.2-1 单洞双向隧道在入口附近养护作业

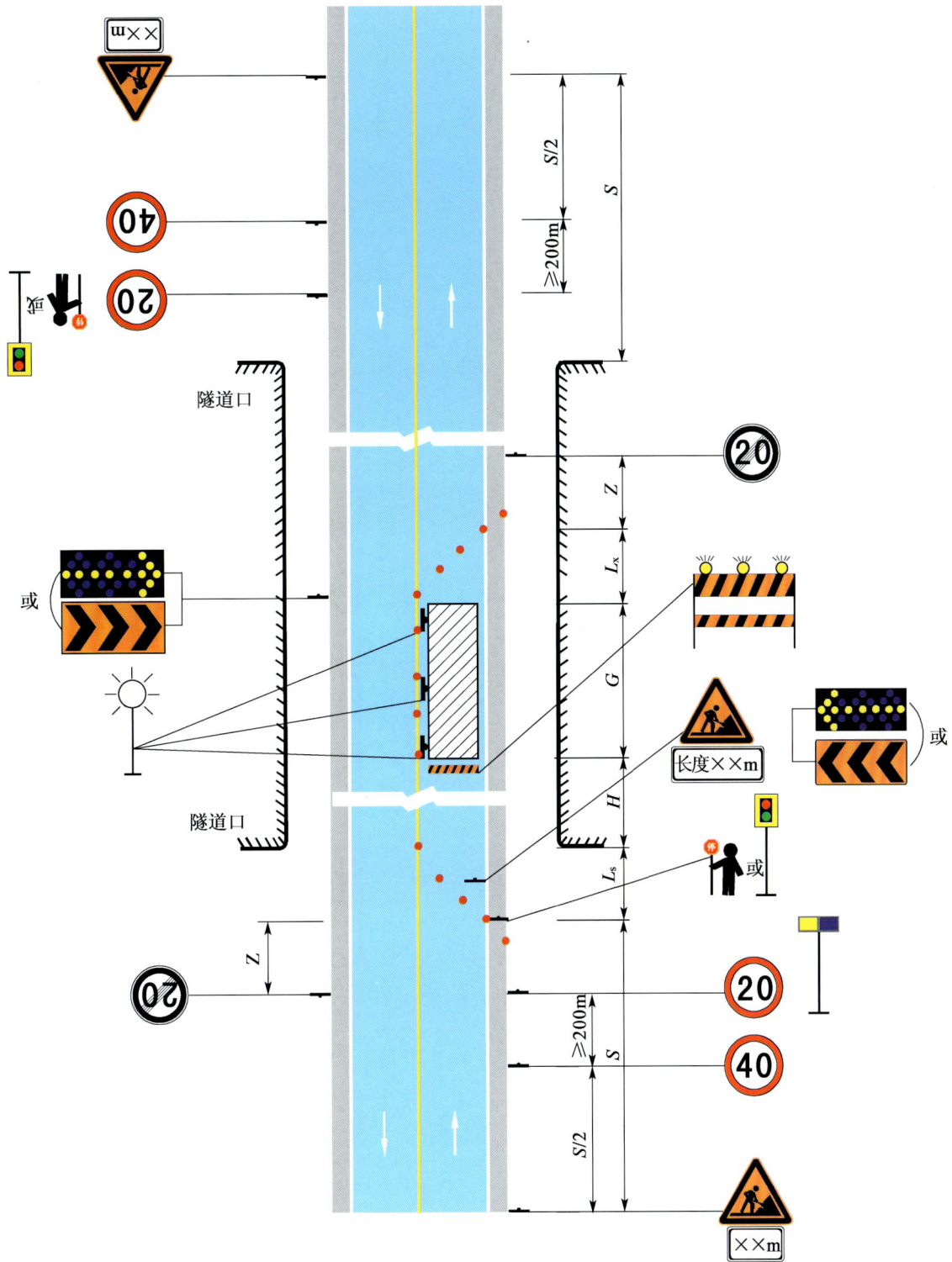

图 10.2.2-2　单洞双向隧道在中间路段养护作业

　　2　中、短隧道养护作业应封闭隧道内整条作业车道，下游过渡区宜布置在隧道出口外。以设计速度 60km/h 为例，作业控制区布置示例见图 10.2.2-3。

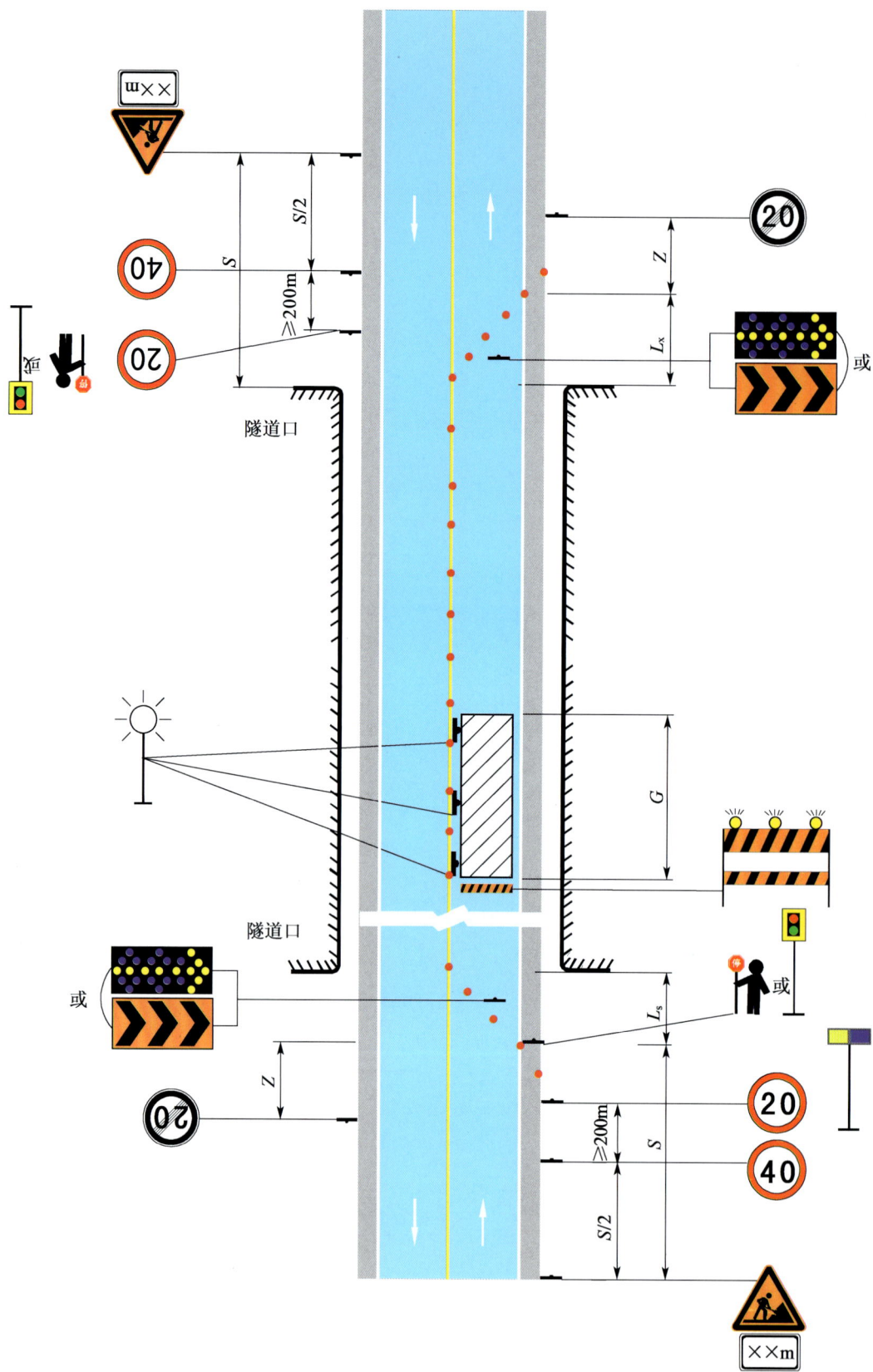

图 10.2.2-3　单洞双向中、短隧道养护作业

10.2.3 单洞双向通行的隧道全幅封闭养护作业时，应做好分流信息提示，并在作业控制区前后的交叉路口布设隧道封闭或改道标志。

10.2.4 双洞单向通行的中、短隧道养护作业控制区布置应符合下列规定：

1 上游过渡区应布置在隧道入口前。以设计速度 80km/h 为例，作业控制区布置示例见图 10.2.4-1、图 10.2.4-2。

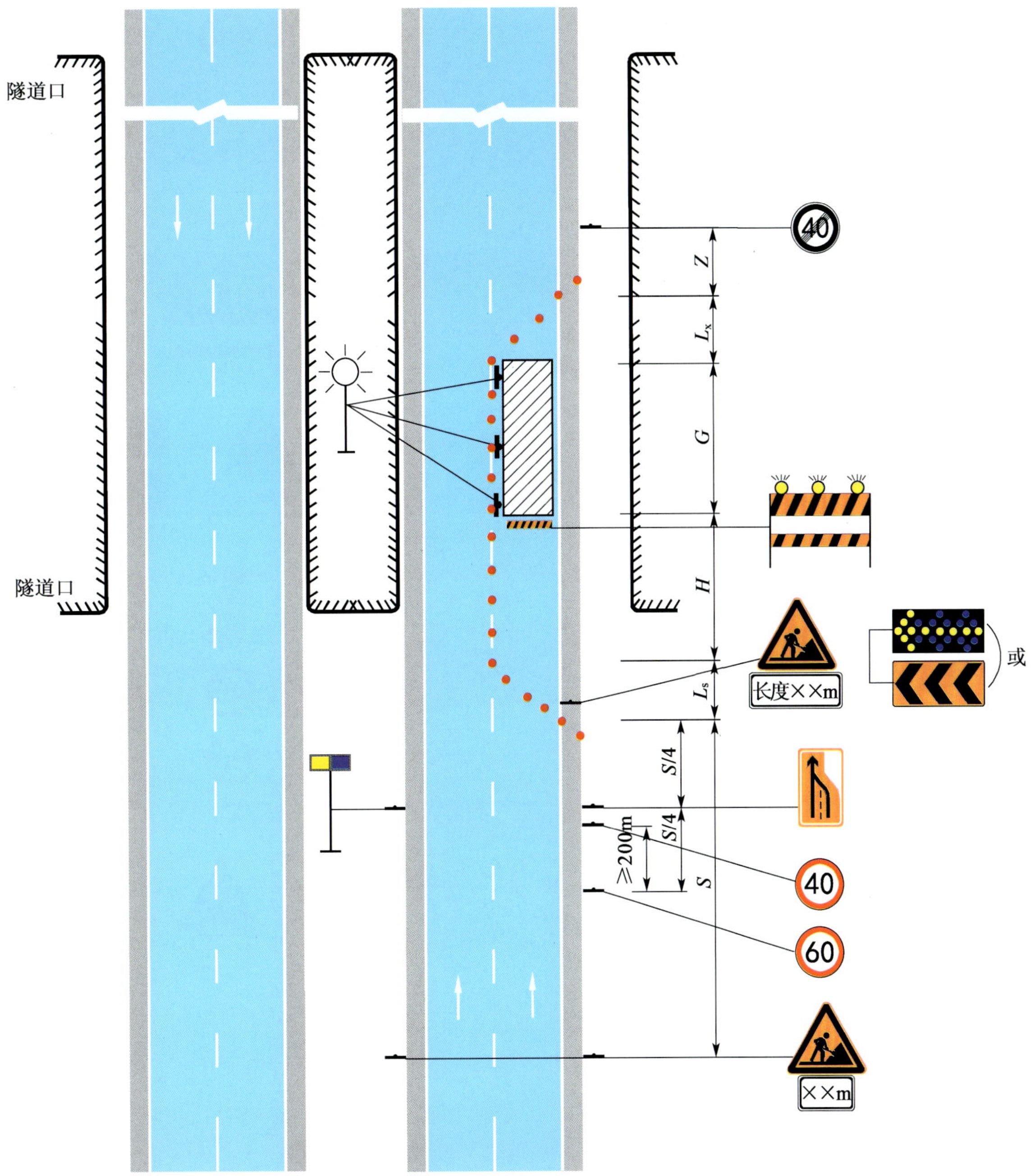

图 10.2.4-1 双洞单向通行的隧道在入口附近养护作业

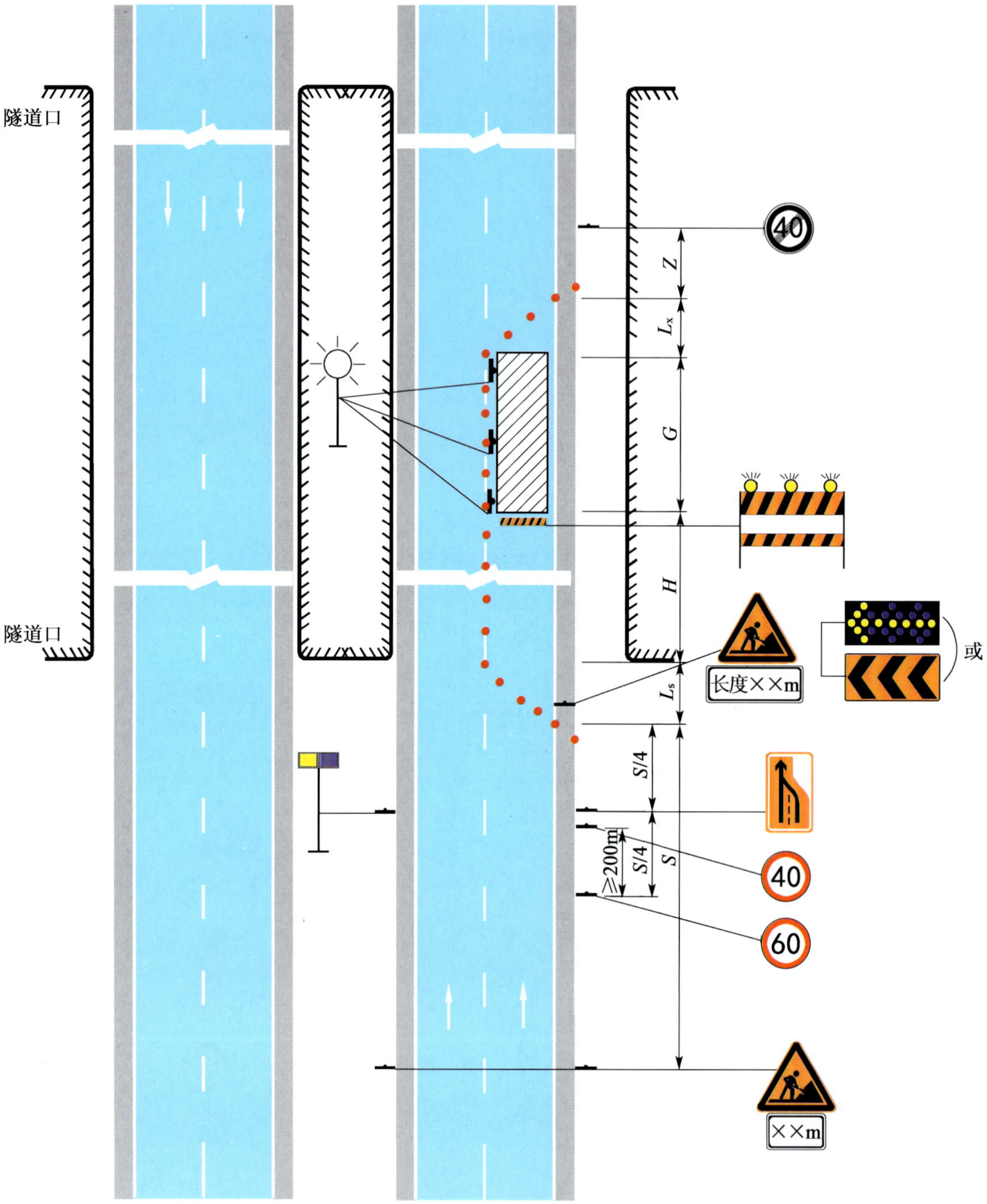

图 10.2.4-2　双洞单向通行的隧道在中间路段养护作业

　　2　隧道群养护作业，当警告区标志位于前方隧道内时，应将标志提前至前方隧道入口处。以设计速度 80km/h 为例，作业控制区布置示例见图 10.2.4-3。

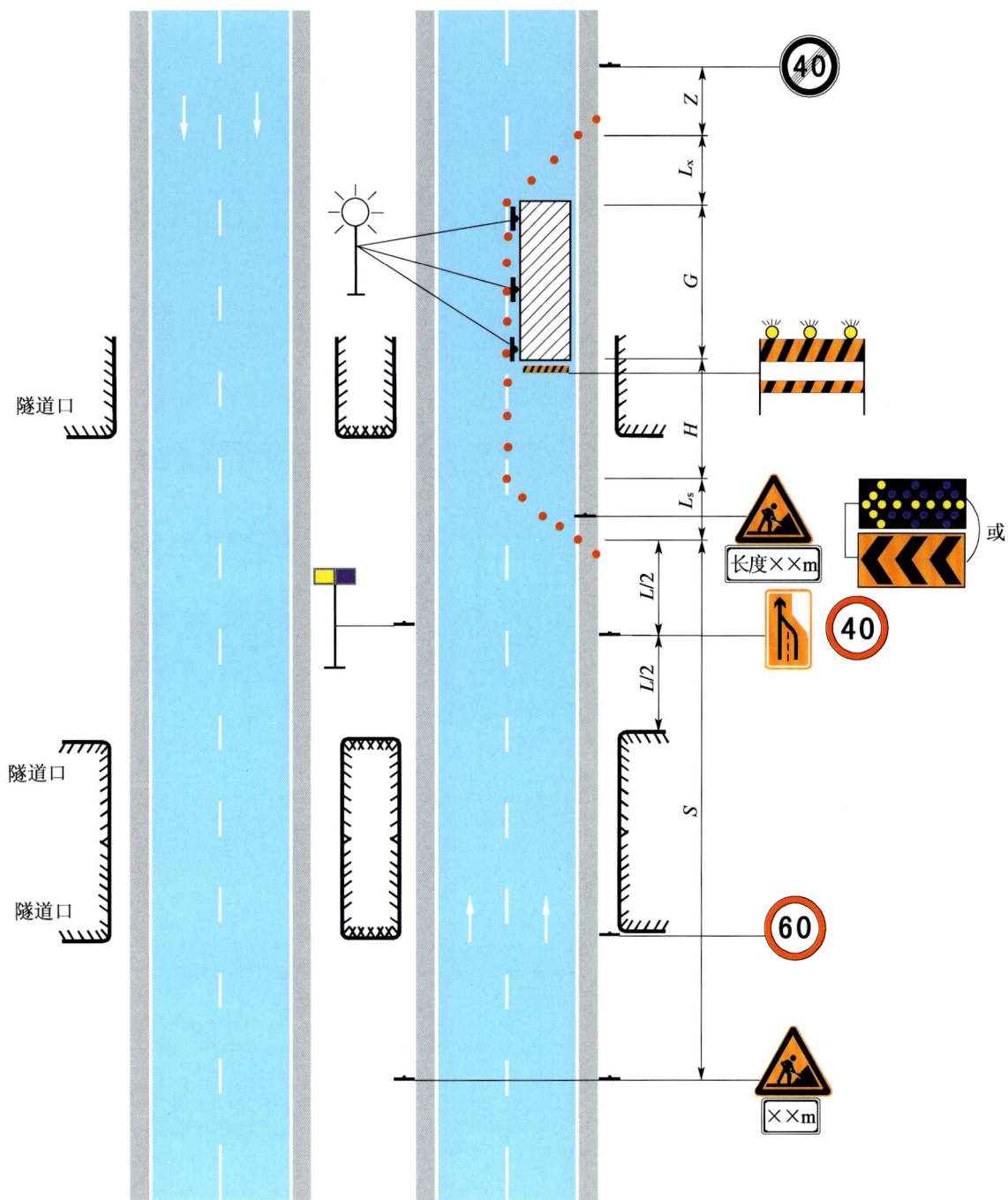

图 10.2.4-3　双洞单向通行的隧道群养护作业

注：L 代表警告区隧道出口至上游过渡区起点的距离。

10.2.5　以设计速度 80km/h 为例，单洞全幅封闭并借用另一侧通行的隧道，养护作业控制区布置示例见图 10.2.5。

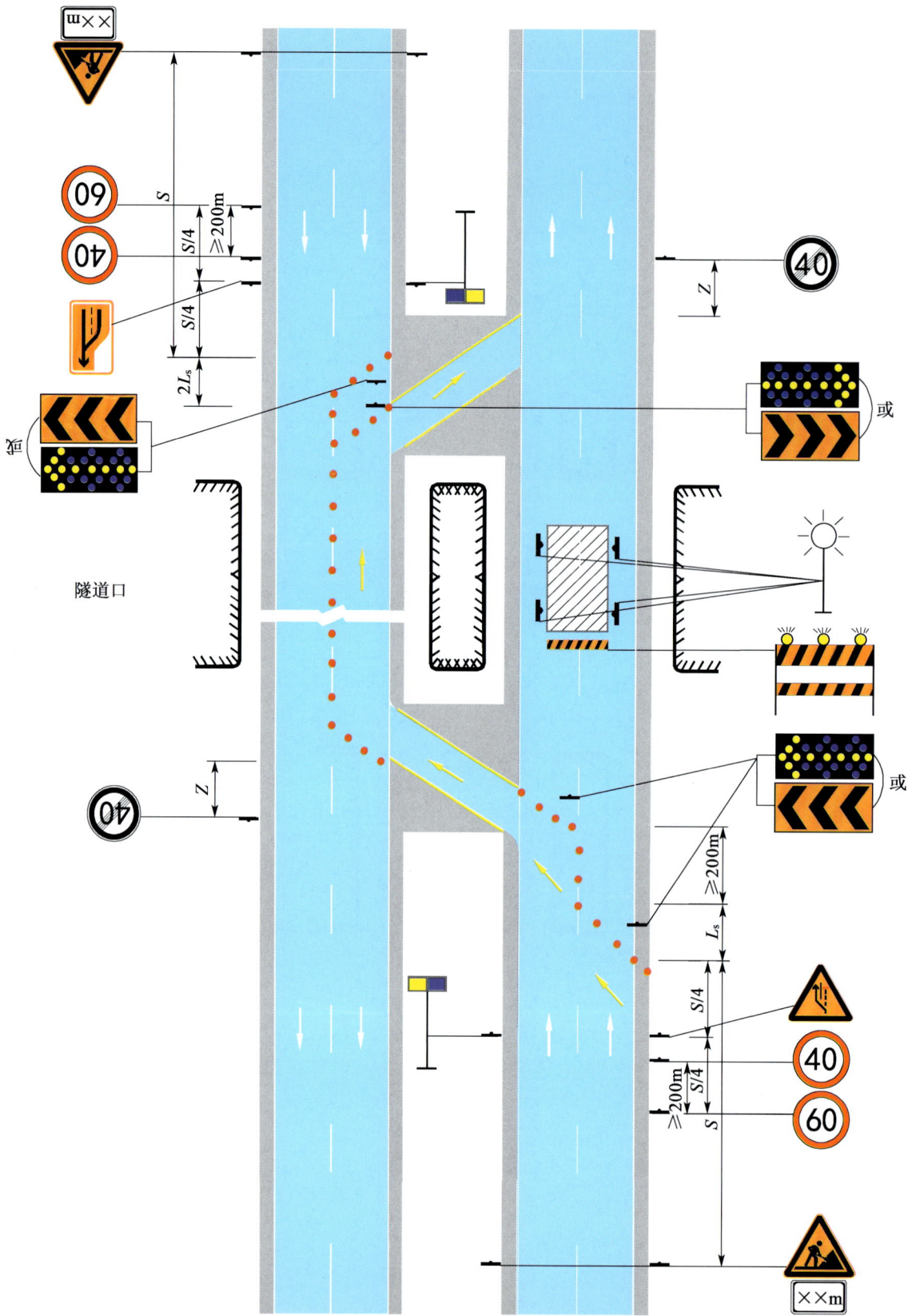

图 10.2.5　双洞单向通行的单洞全封闭养护作业

10.2.6 双洞单向通行的特长、长隧道养护作业控制区布置，应符合下列规定：

1 当工作区起点距隧道入口不大于 1km 时，养护作业控制区布置应按本规程第 10.2.4 条第 1 款的有关规定执行。

2 当工作区起点距隧道入口大于 1km 时，应按路段养护作业控制区布置。隧道入口处应增设施工标志。隧道内警告区宜采用电子显示屏提示。

10.2.7 临时和移动养护作业宜布设移动式标志车，并在隧道两端布设施工标志，必要时配备交通引导人员。移动养护作业宜采用机械移动养护作业。

11 平面交叉养护作业控制区布置

11.1 一般规定

11.1.1 平面交叉养护作业的范围界定应符合下列规定：

1 有渠化的平面交叉养护作业的范围应包括平面交叉规划及渠化范围。

2 无渠化的平面交叉养护作业的范围距交叉入口不应超过停车视距范围。

11.1.2 当工作区上游存在交叉，且其在养护作业控制区内时，可将警告区起点移至其出口处。

11.1.3 平面交叉养护作业控制区的上游视距不良时，可在视距不良处增设施工标志。

11.1.4 平面交叉入口或出口封闭车道改为双向通行时，应划出橙色临时标线；当车道宽度无法满足双向通行时，应配备交通引导人员引导车辆交替通行。

11.1.5 平面交叉养护作业车辆应配备闪光箭头或车辆闪光灯，可布设移动式标志车。

11.2 养护作业控制区布置

11.2.1 十字交叉入口养护作业，应根据入口封闭情况布置养护作业控制区，并应符合下列规定：

1 入口封闭且需借用对向车道交替通行的养护作业，应布设临时交通信号灯。作业控制区布置示例见图 11.2.1-1。

2 入口封闭且需借用对向车道双向通行的养护作业，应在借用车道上布设车道渠化设施分隔双向交通。作业控制区布置示例见图 11.2.1-2。

3 入口单车道封闭且本向车道维持通行的养护作业，作业控制区布置示例见图 11.2.1-3。

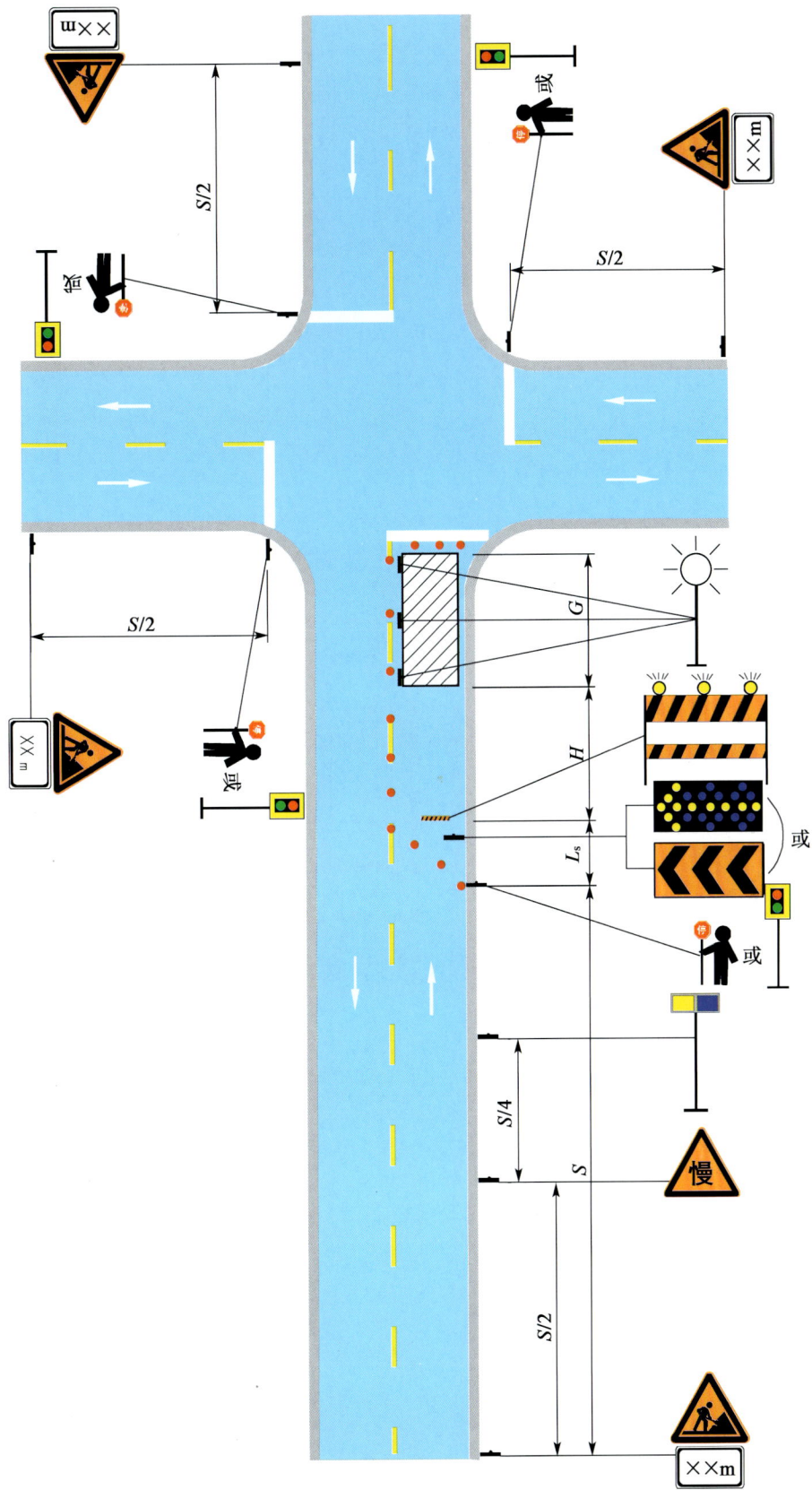

图 11.2.1-1　入口封闭且需借用对向车道交替通行的养护作业

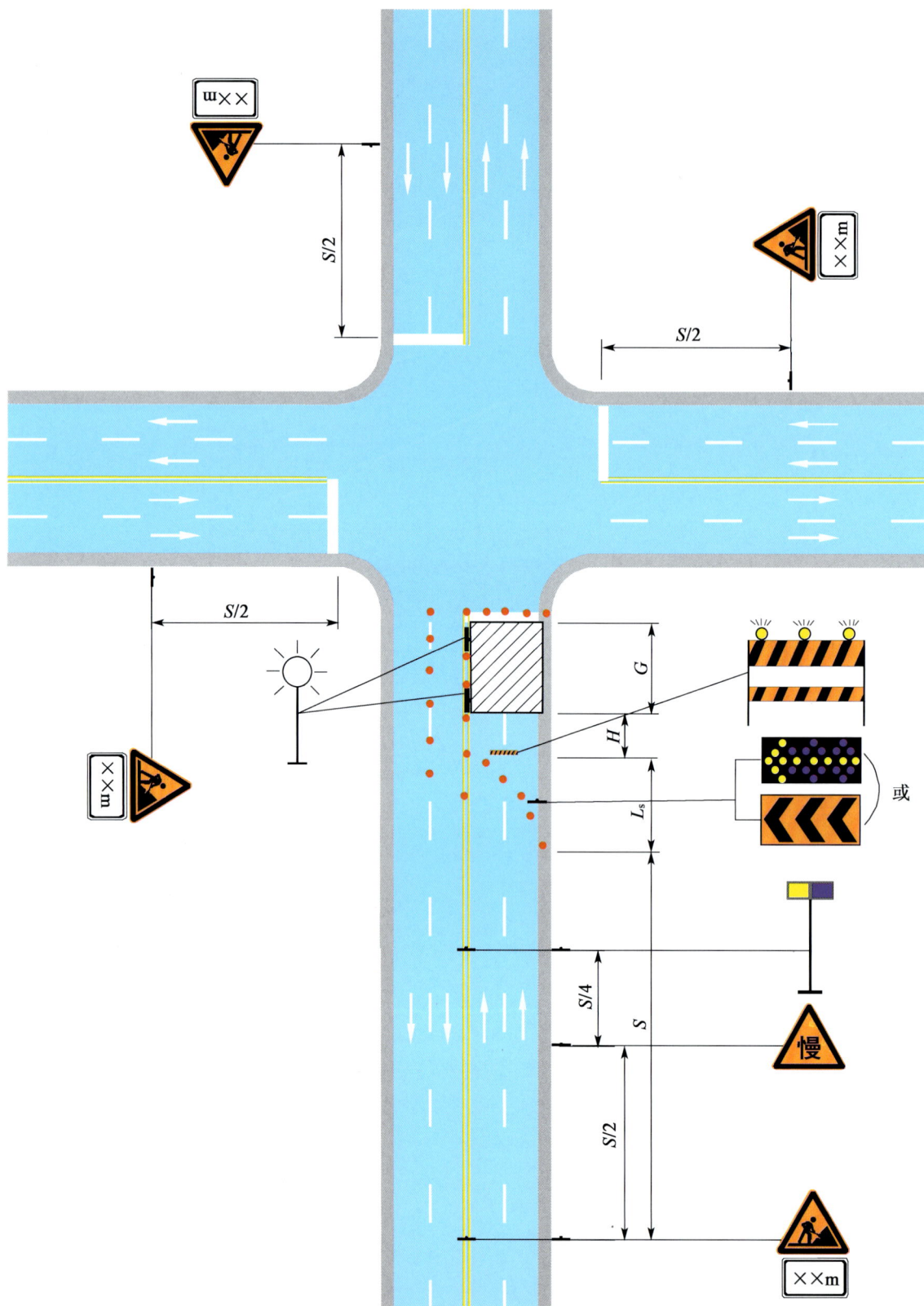

图 11.2.1-2　入口封闭且需借用对向车道双向通行的养护作业

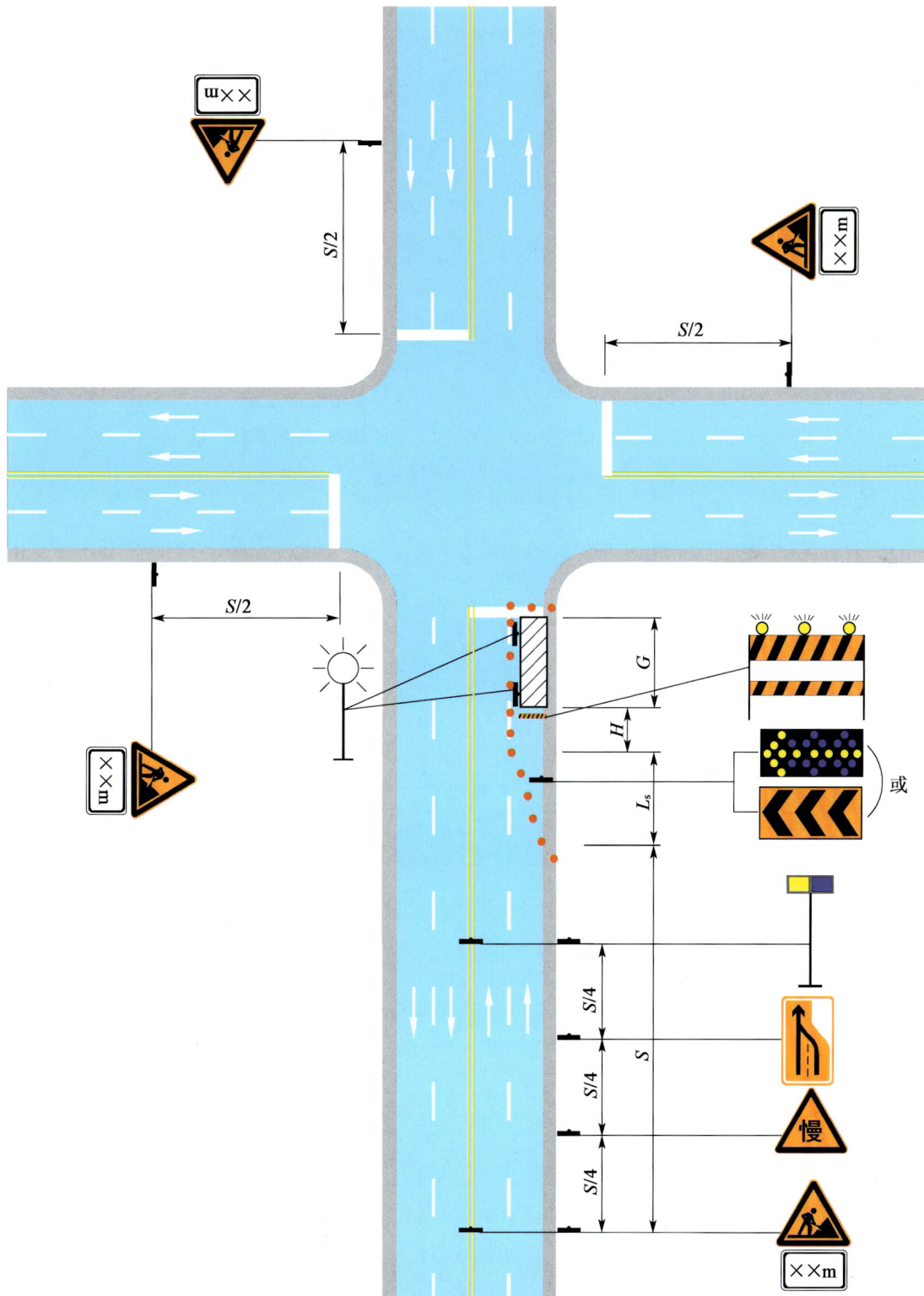

图 11.2.1-3　入口单车道封闭且本向车道维持通行的养护作业

11.2.2 十字交叉出口养护作业，应根据出口封闭情况布置养护作业控制区，并应符合下列规定：

1 出口封闭且需借用对向车道交替通行的养护作业，应布设临时交通信号灯。作业控制区布置示例见图 11.2.2-1。

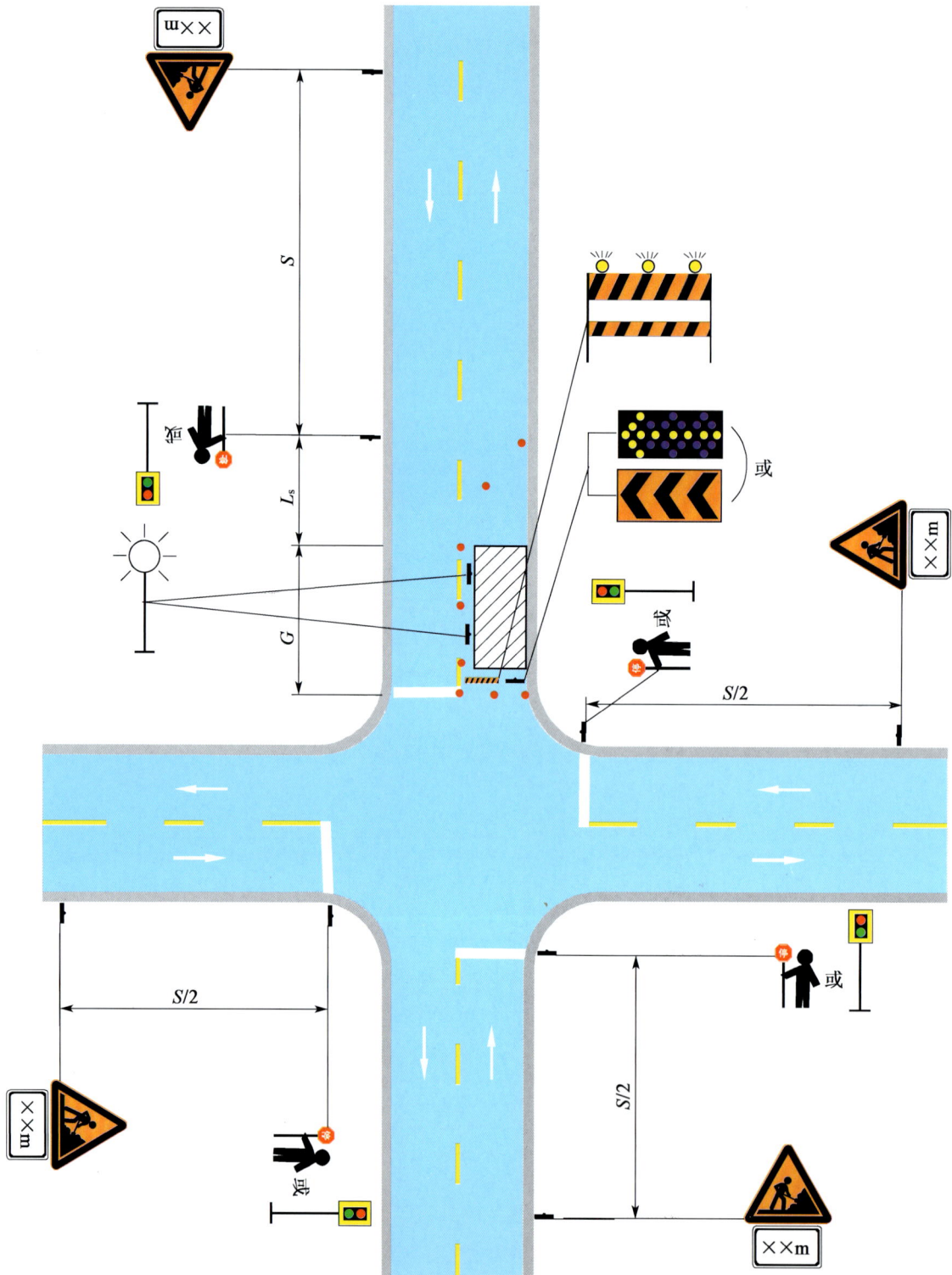

图 11.2.2-1 出口封闭且需借用对向车道交替通行的养护作业

2 出口封闭且需借用对向车道双向通行的养护作业，应在借用车道上布设车道渠化设施分隔双向交通。作业控制区布置示例见图 11.2.2-2。

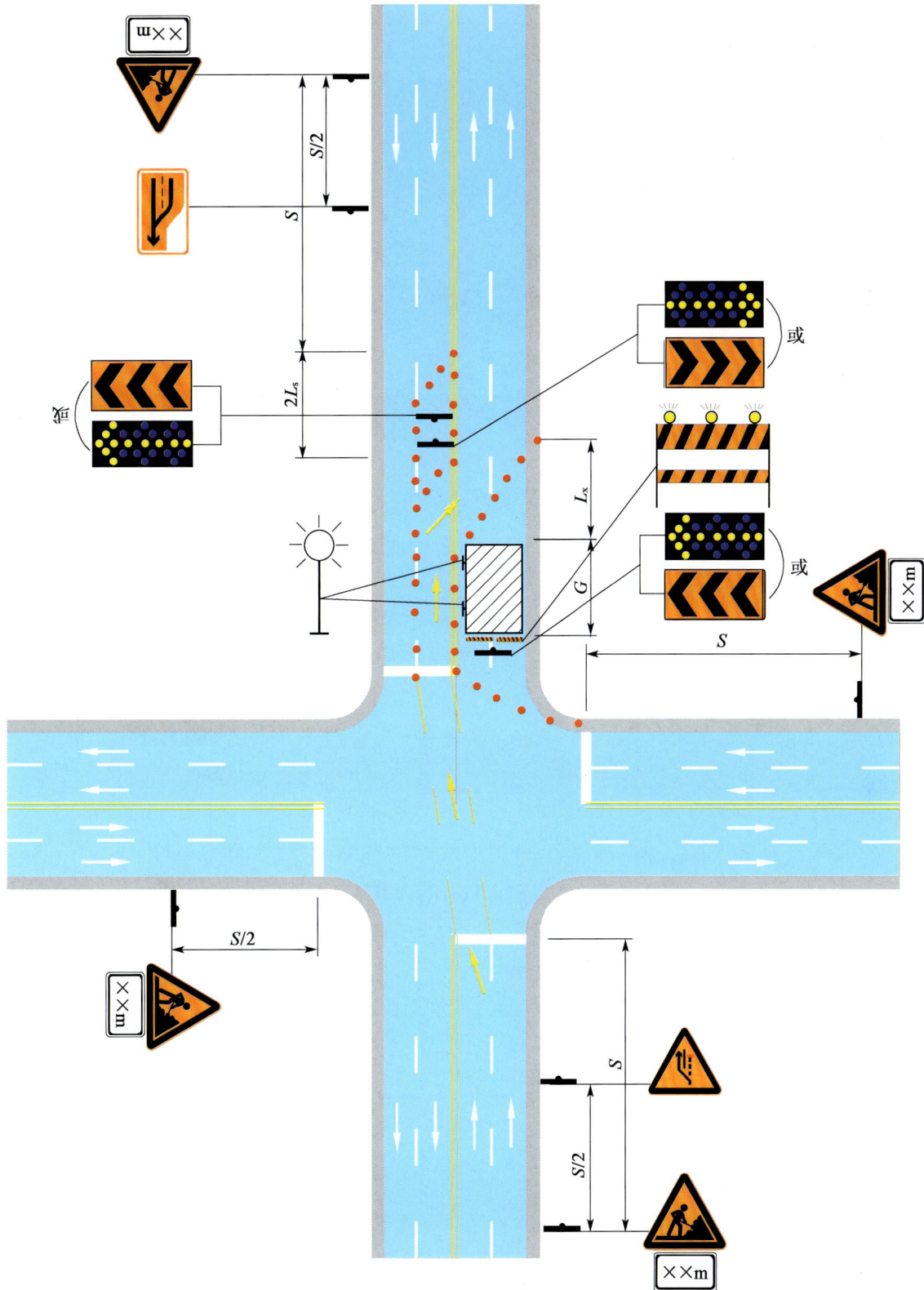

图 11.2.2-2 出口封闭且需借用对向车道双向通行的养护作业

3 出口单车道封闭且本向车道维持通行的养护作业，对应入口车道宜封闭一定区域布置上游过渡区和缓冲区。作业控制区布置示例见图11.2.2-3。

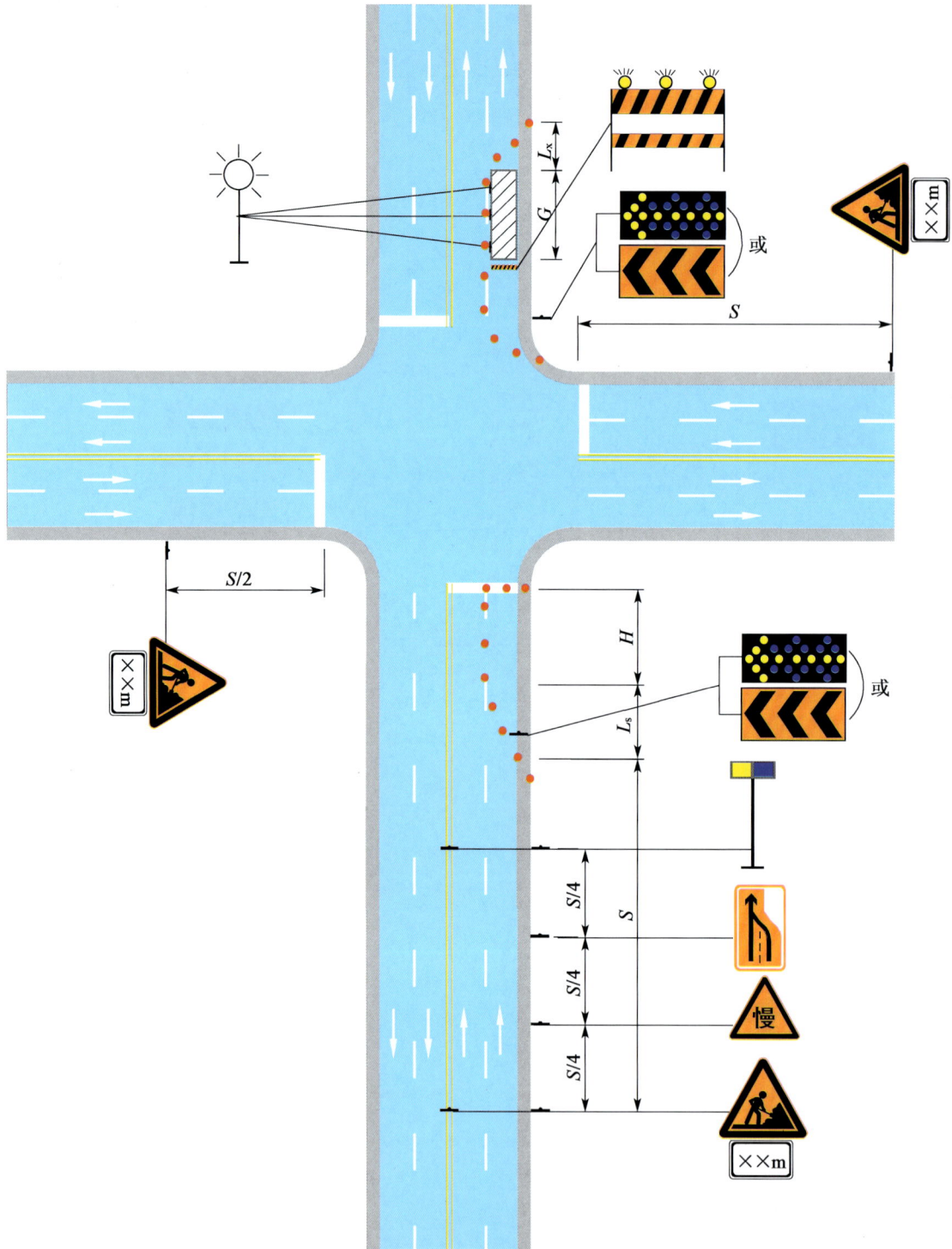

图11.2.2-3 出口单车道封闭且本向车道维持通行的养护作业

11.2.3 十字交叉中心处养护作业，应同时在四个交叉入口布置作业控制区。作业控制区布置示例见图11.2.3。

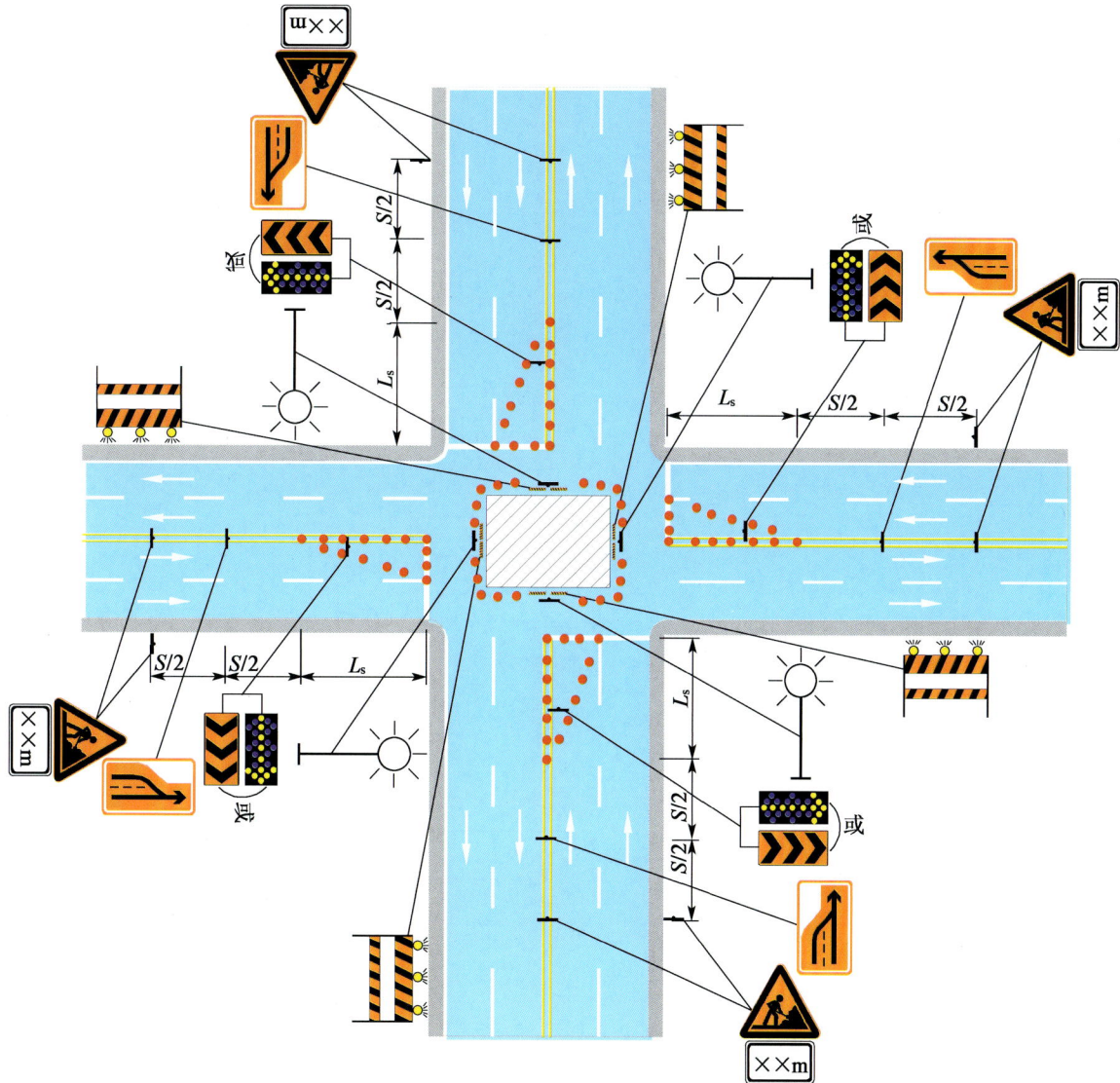

图 11.2.3 十字交叉中心处养护作业

11.2.4 被交道为单车道四级公路的十字交叉养护作业，主线养护作业的终止区应布置在通过被交道后的位置，被交道可简化作业控制区布置，应在被交道入口配备交通引导人员。作业控制区布置示例见图11.2.4。

11.2.5 环形交叉封闭入口车道养护作业，应在入口处布置养护作业控制区。作业控制区布置示例见图11.2.5-1、图11.2.5-2。当中间车道进行养护作业时，应封闭相邻一侧车道。

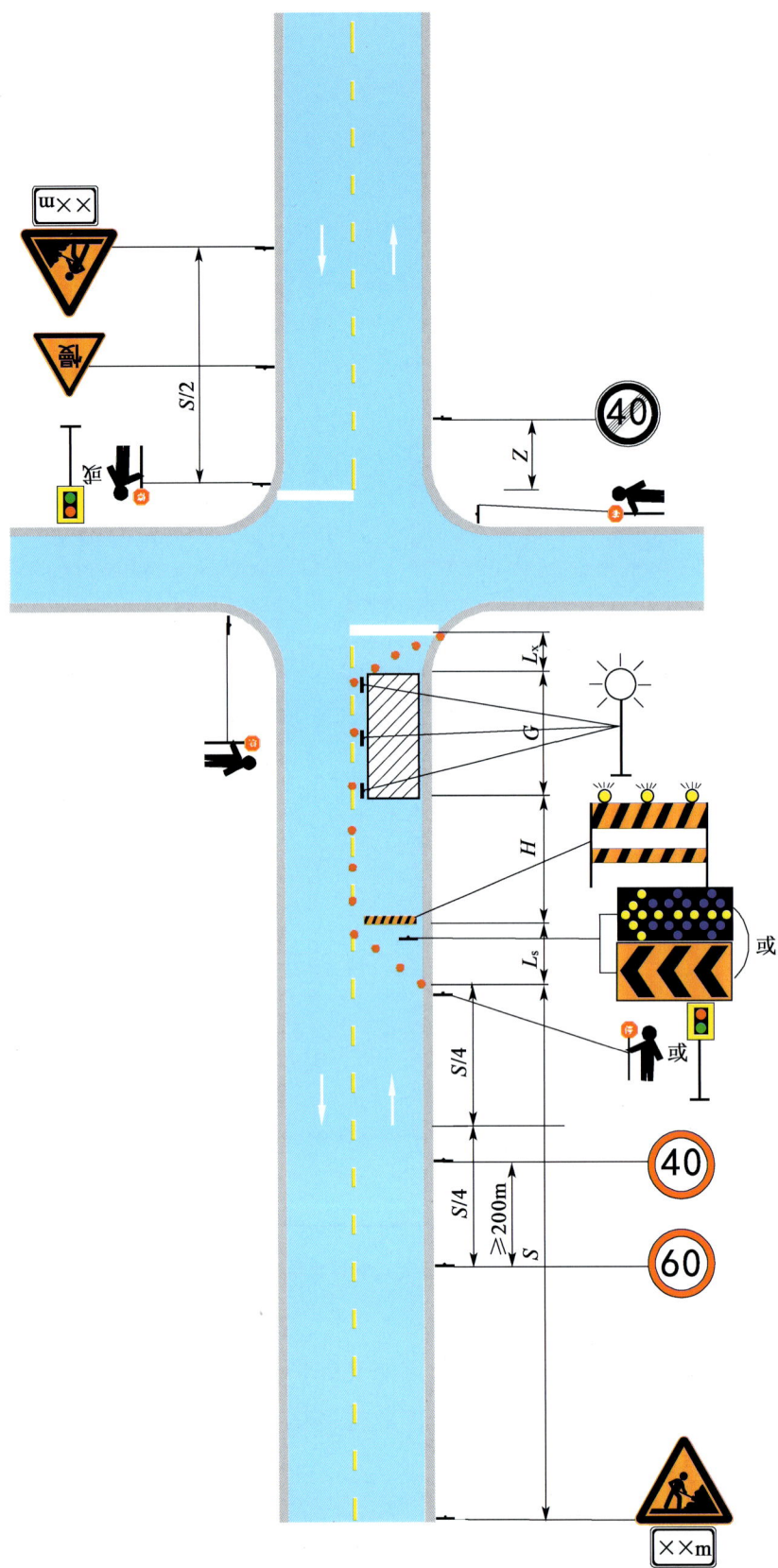

图 11.2.4　被交道为单车道四级公路的十字交叉养护作业

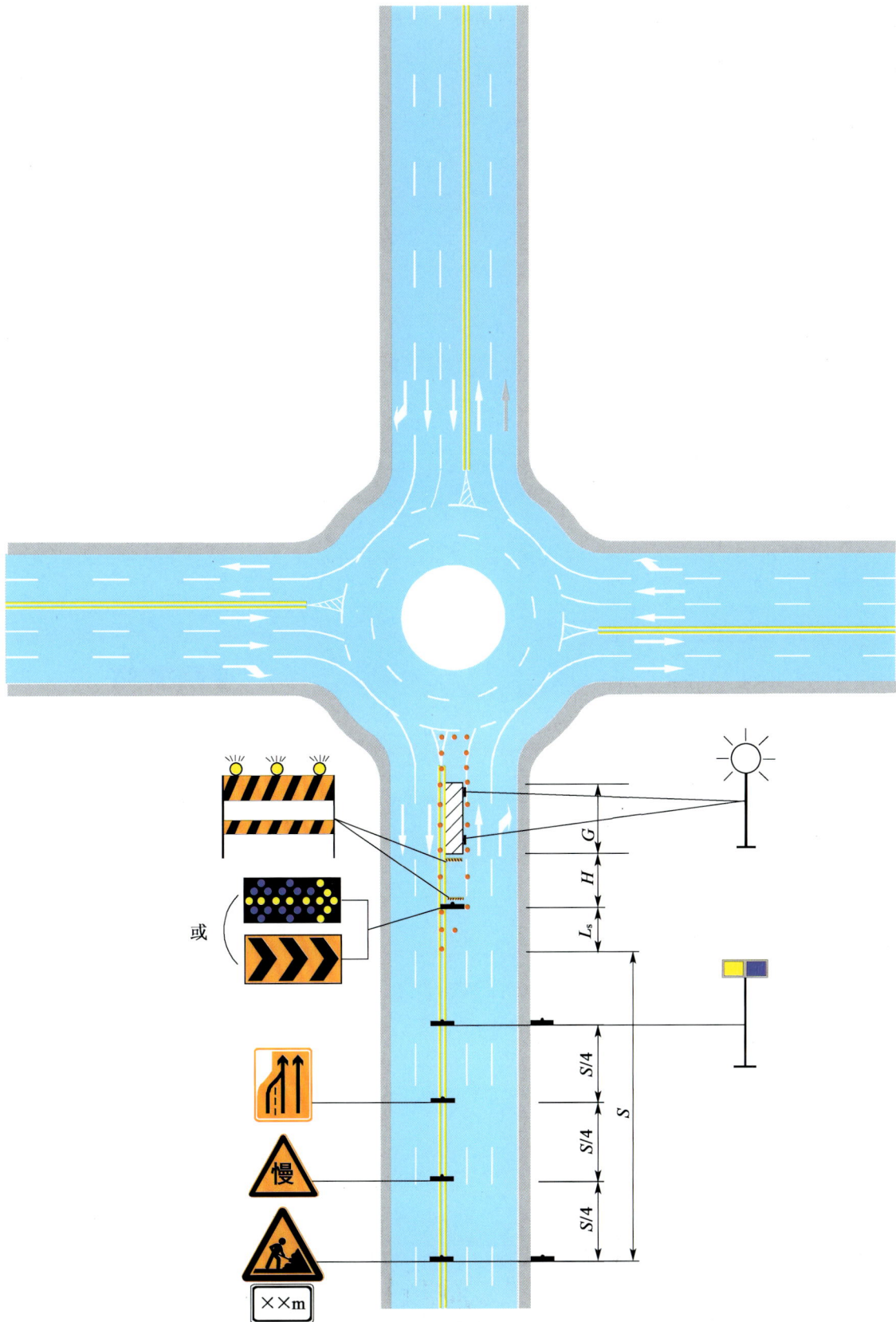

图 11.2.5-1　环形交叉封闭入口内侧车道养护作业

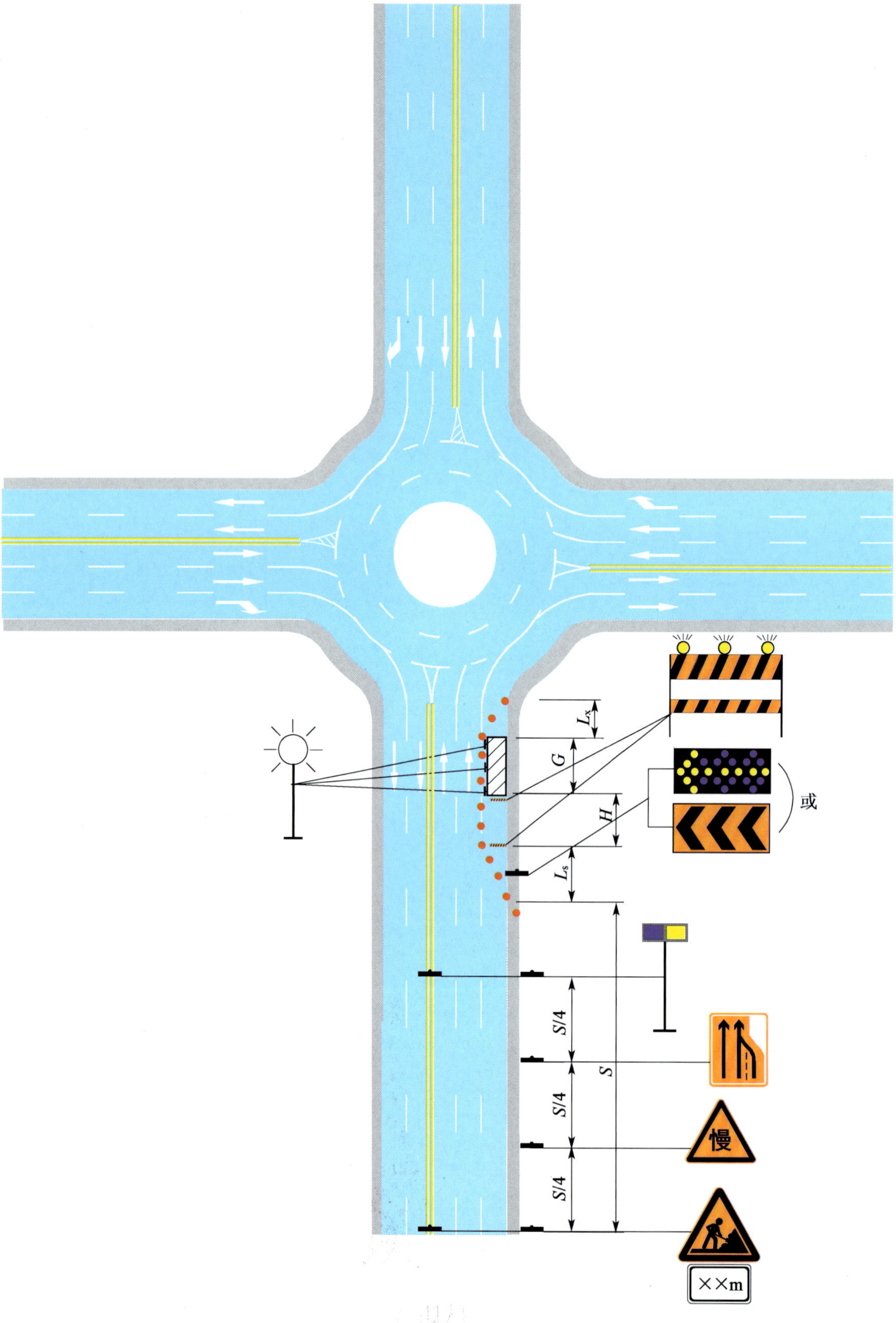

图 11.2.5-2　环形交叉封闭入口外侧车道养护作业

11.2.6 环形交叉封闭出口车道养护作业，应在出口处布设闪光箭头或导向标志和附设警示灯的路栏，尚应在另三个交叉入口分别布设施工标志。作业控制区布置示例见图 11.2.6-1 ~ 图 11.2.6-3。

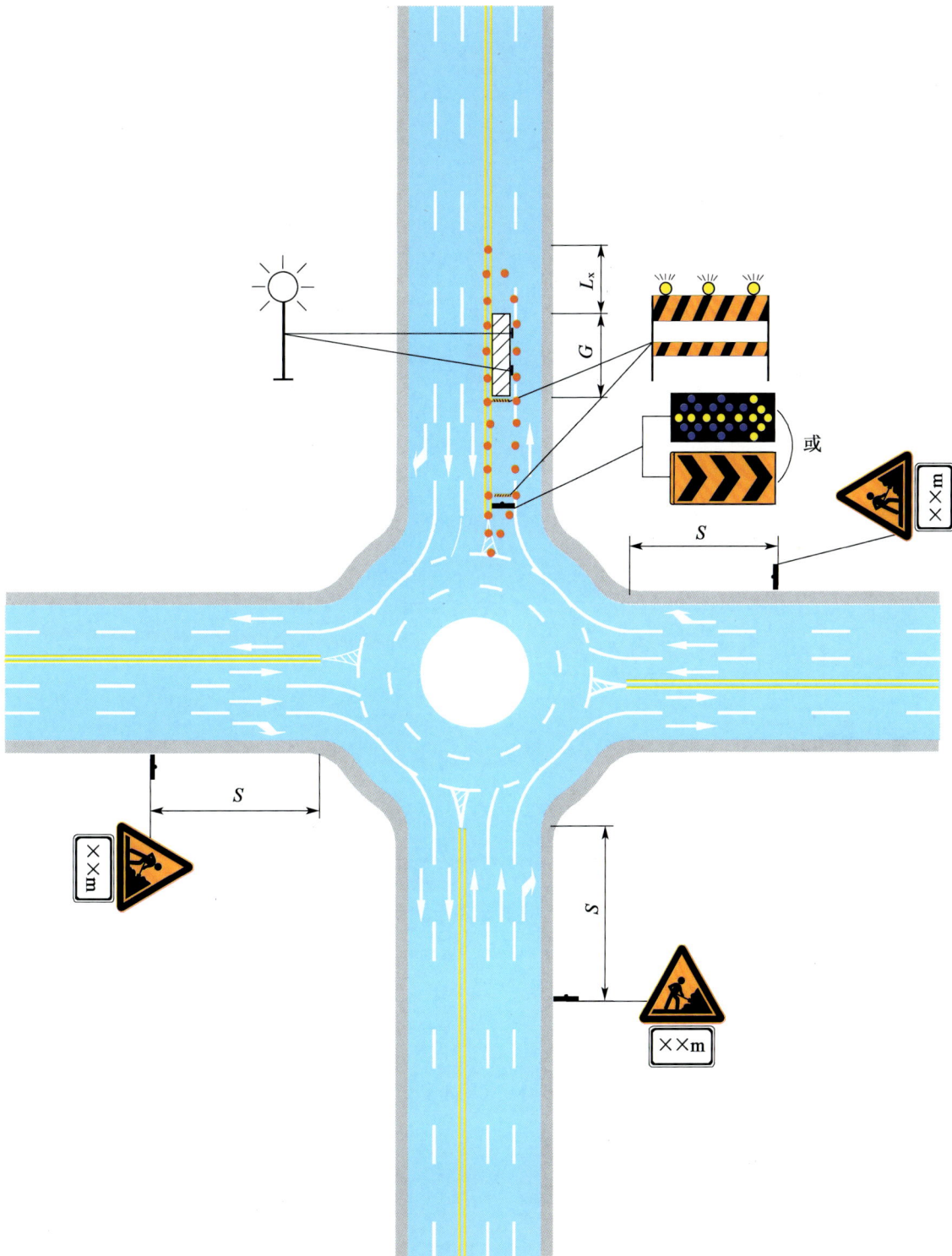

图 11.2.6-1　环形交叉封闭出口内侧车道养护作业

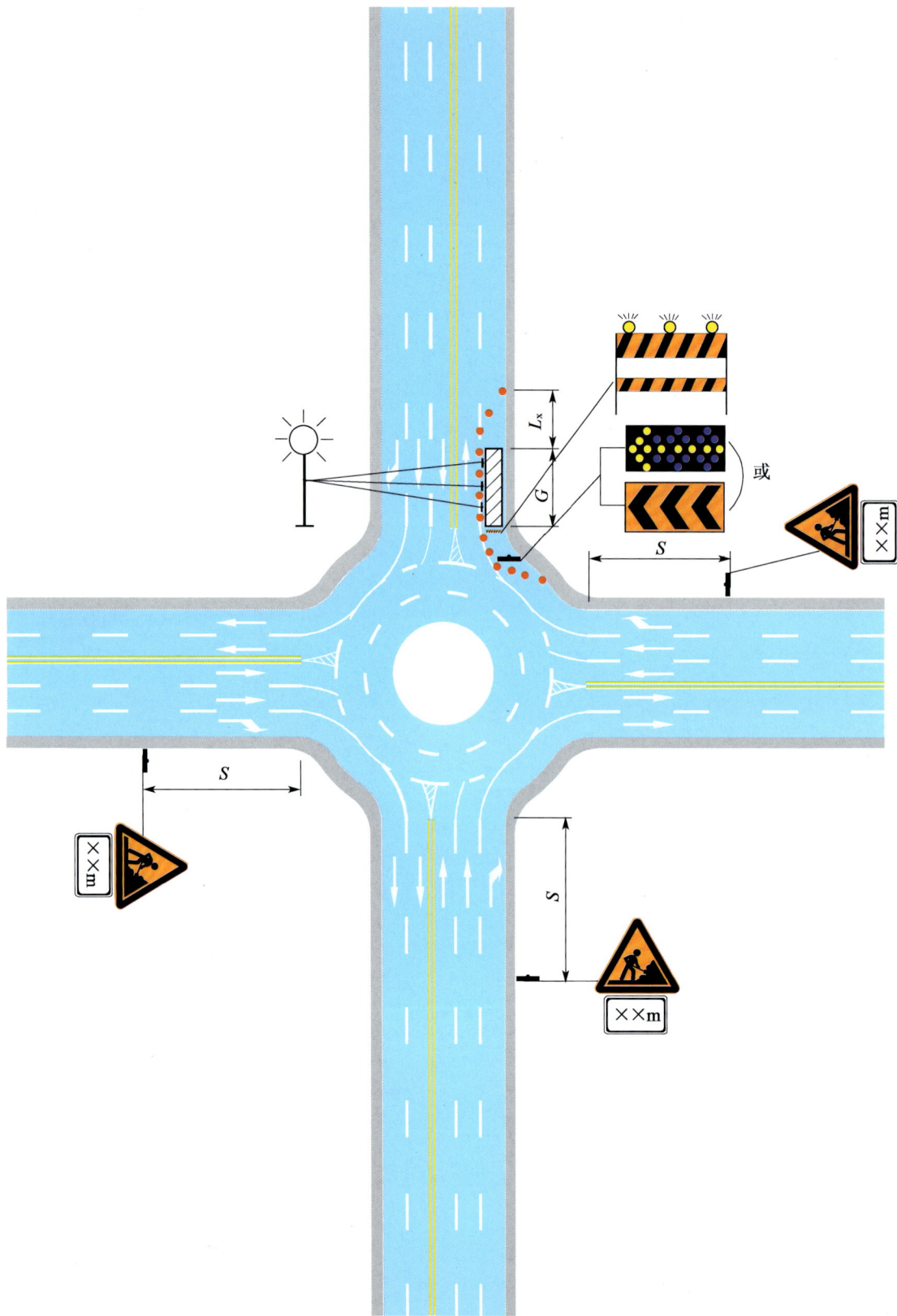

图 11.2.6-2　环形交叉封闭出口外侧车道养护作业

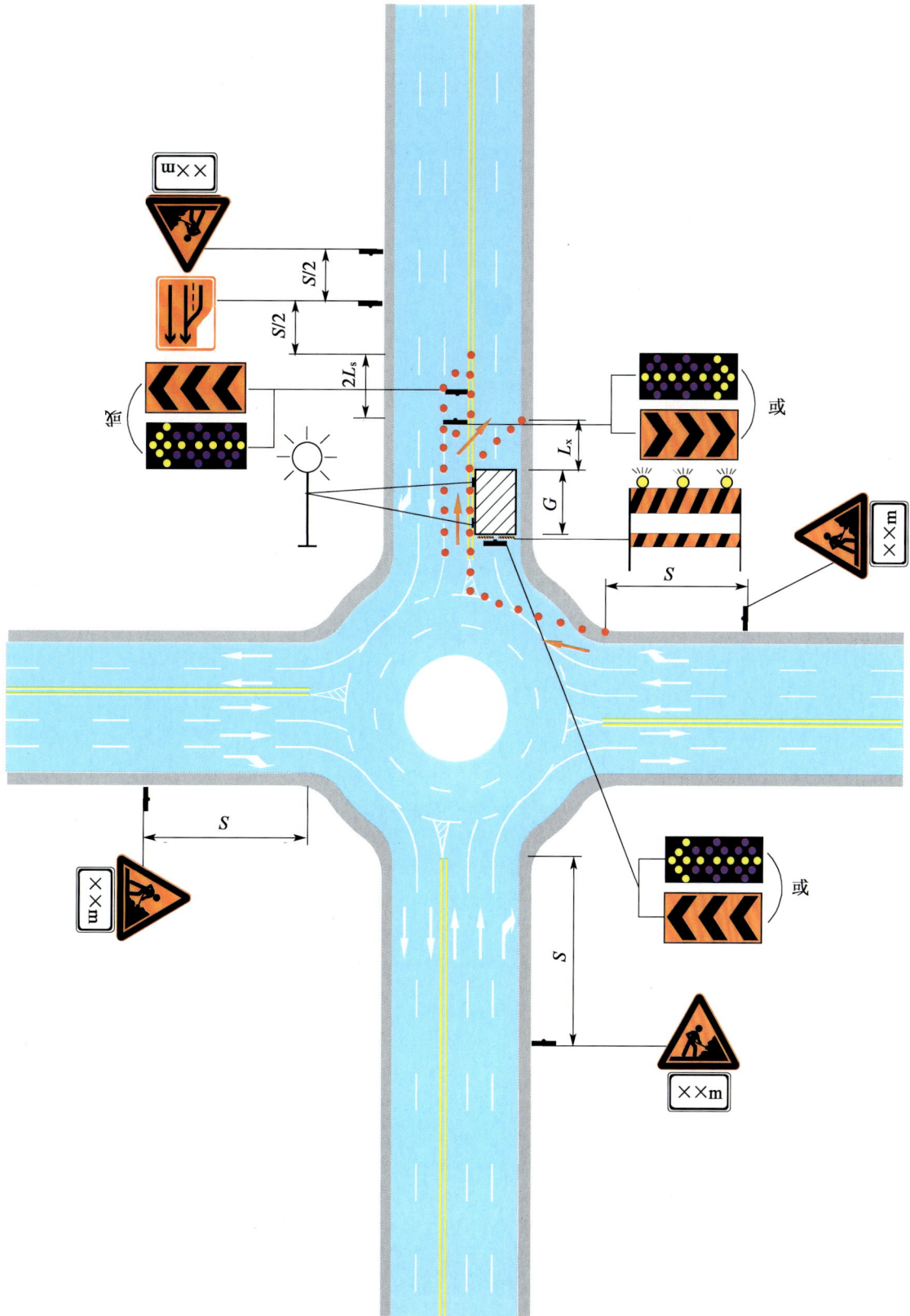

图 11.2.6-3　环形交叉全封闭出口车道养护作业

11.2.7 环形交叉中心处养护作业，应在交叉入口处布设施工标志。作业控制区布置示例见图11.2.7-1、图11.2.7-2。

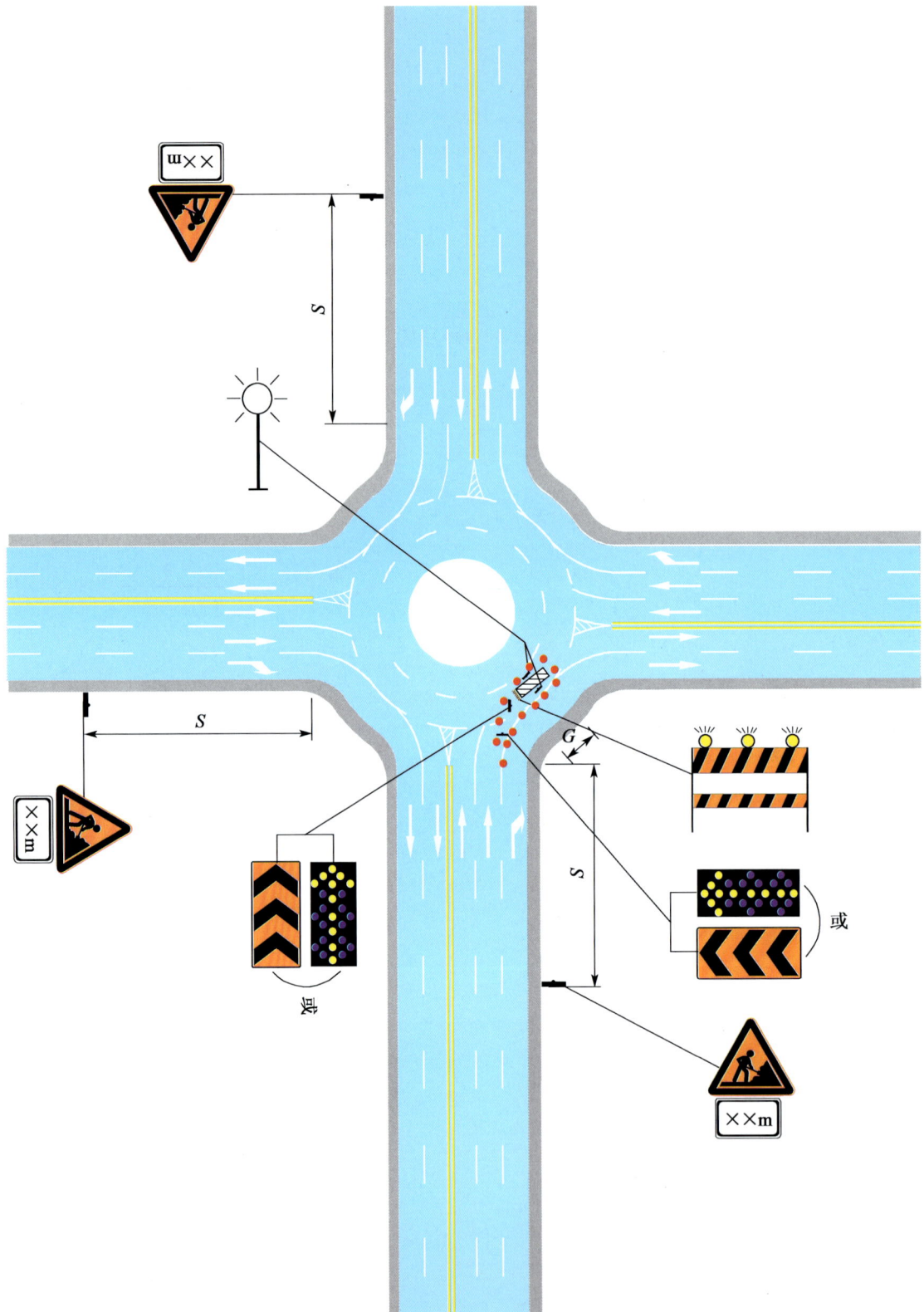

图11.2.7-1　环形交叉中心处封闭内侧车道养护作业

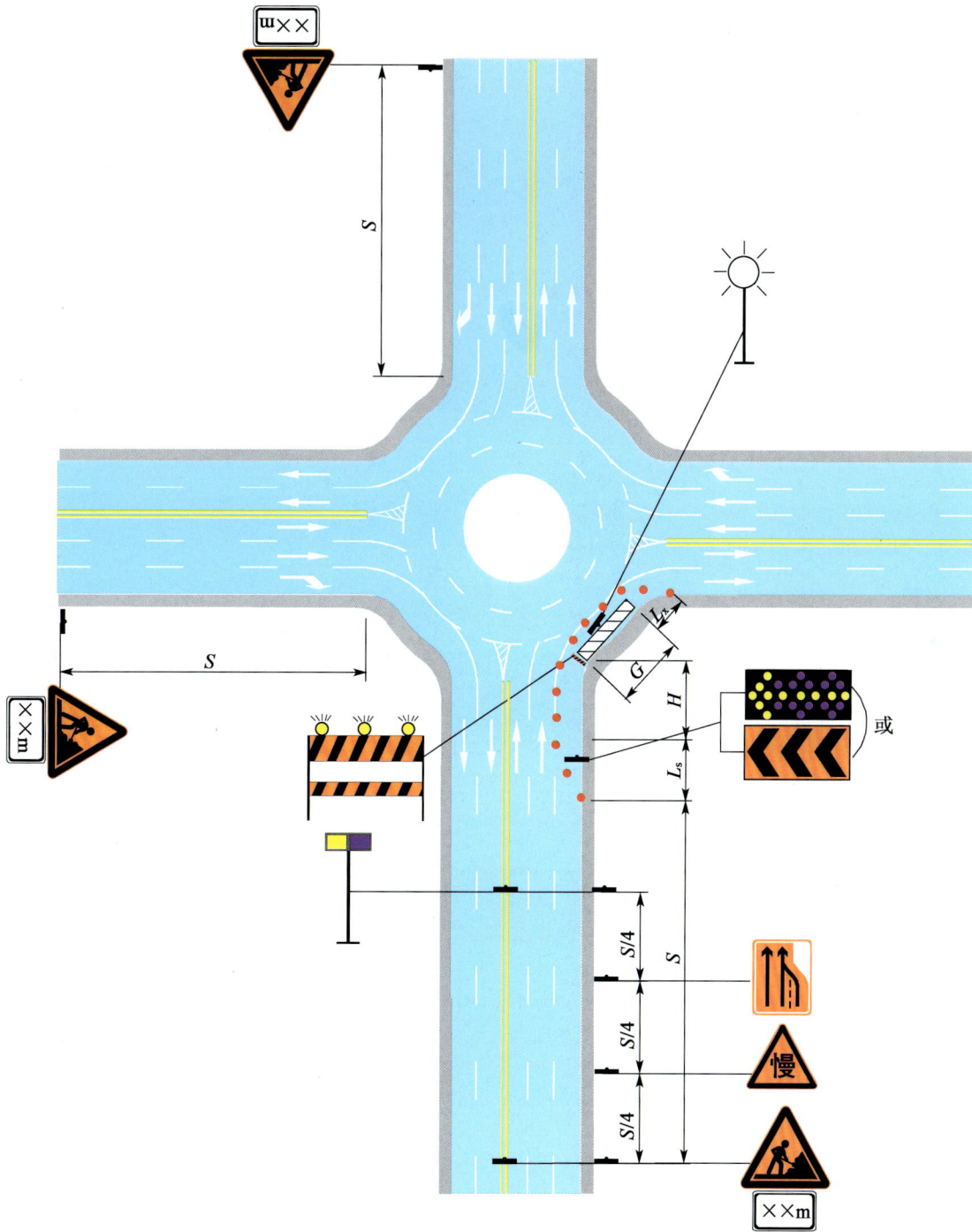

图 11.2.7-2　环形交叉中心处封闭外侧车道养护作业

11.2.8　T 形交叉养护作业，可按十字交叉封闭入口车道养护作业控制区布置。

11.2.9　临时养护作业控制区布置可按第 6 章至第 8 章的有关规定执行，在受影响的交叉入口应配备交通引导人员。作业控制区布置示例见图 11.2.9。

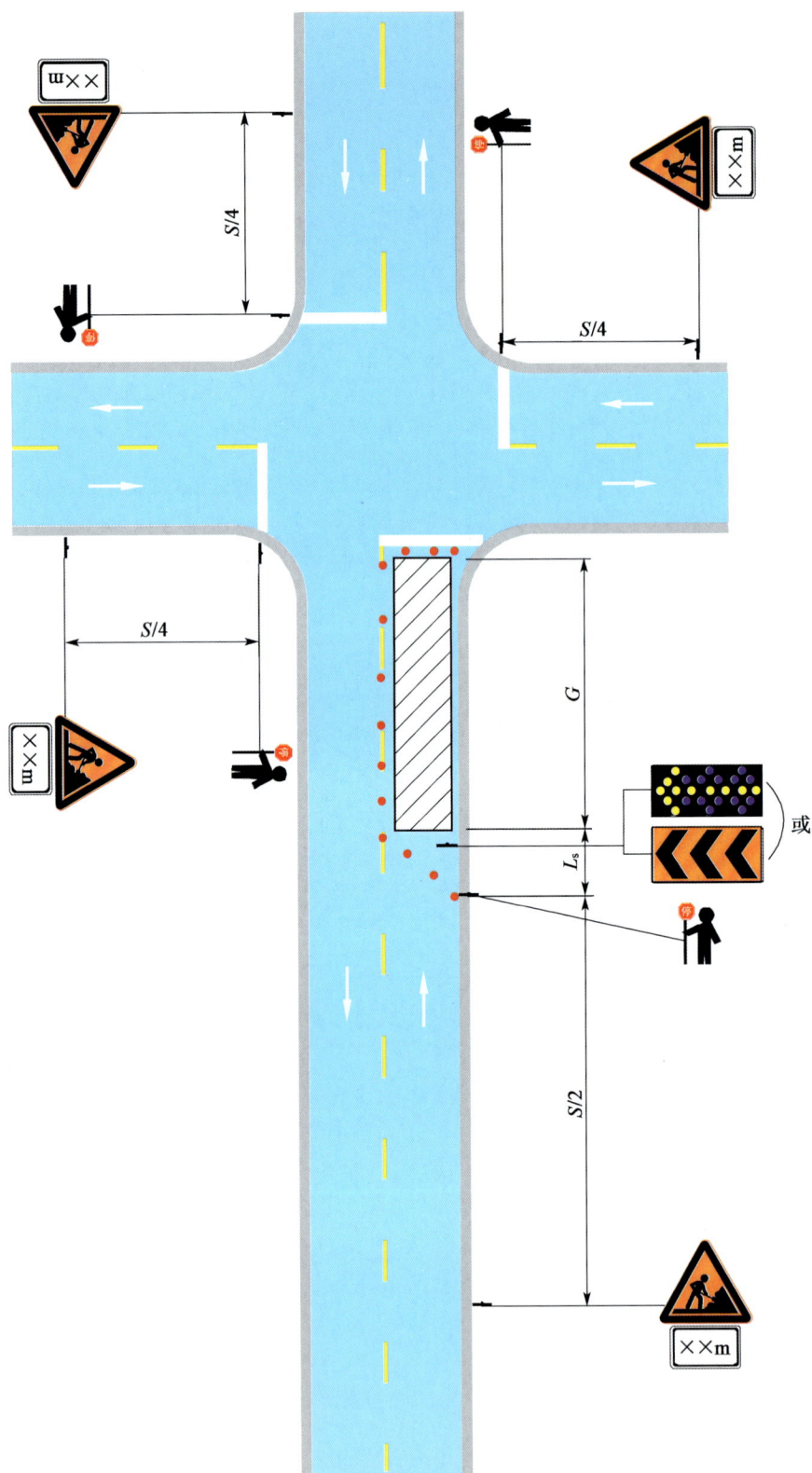

图 11.2.9 平面交叉临时养护作业

11.2.10 移动养护作业控制区布置可按第 6 章至第 8 章的有关规定执行。

12　收费广场养护作业控制区布置

12.0.1　收费广场养护作业应关闭受养护作业影响的收费车道，并布置养护作业控制区。进行各类养护作业时不得全部封闭单向收费车道。

12.0.2　主线收费广场养护作业控制区可简化，应符合下列规定：

　　1　工作区在收费车道入口处，可仅布置警告区、上游过渡区、缓冲区和工作区，警告区应布设施工标志，上游过渡区应布设闪光箭头或导向标志，车辆无须变道时，宜布设施工标志。作业控制区布置示例见图12.0.2-1～图12.0.2-3。

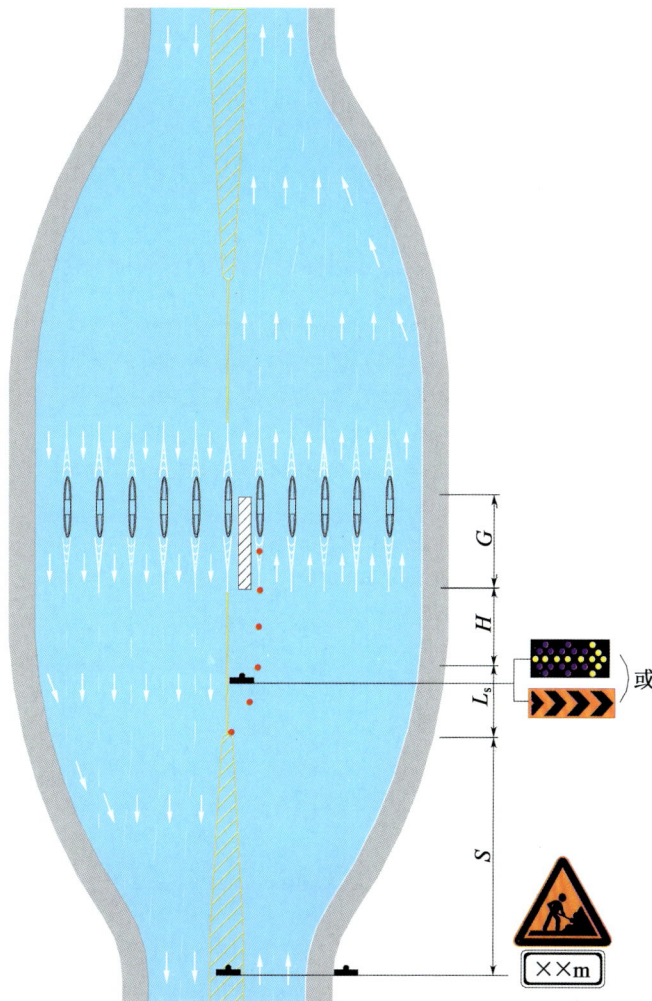

图12.0.2-1　主线收费广场封闭入口内侧车道养护作业

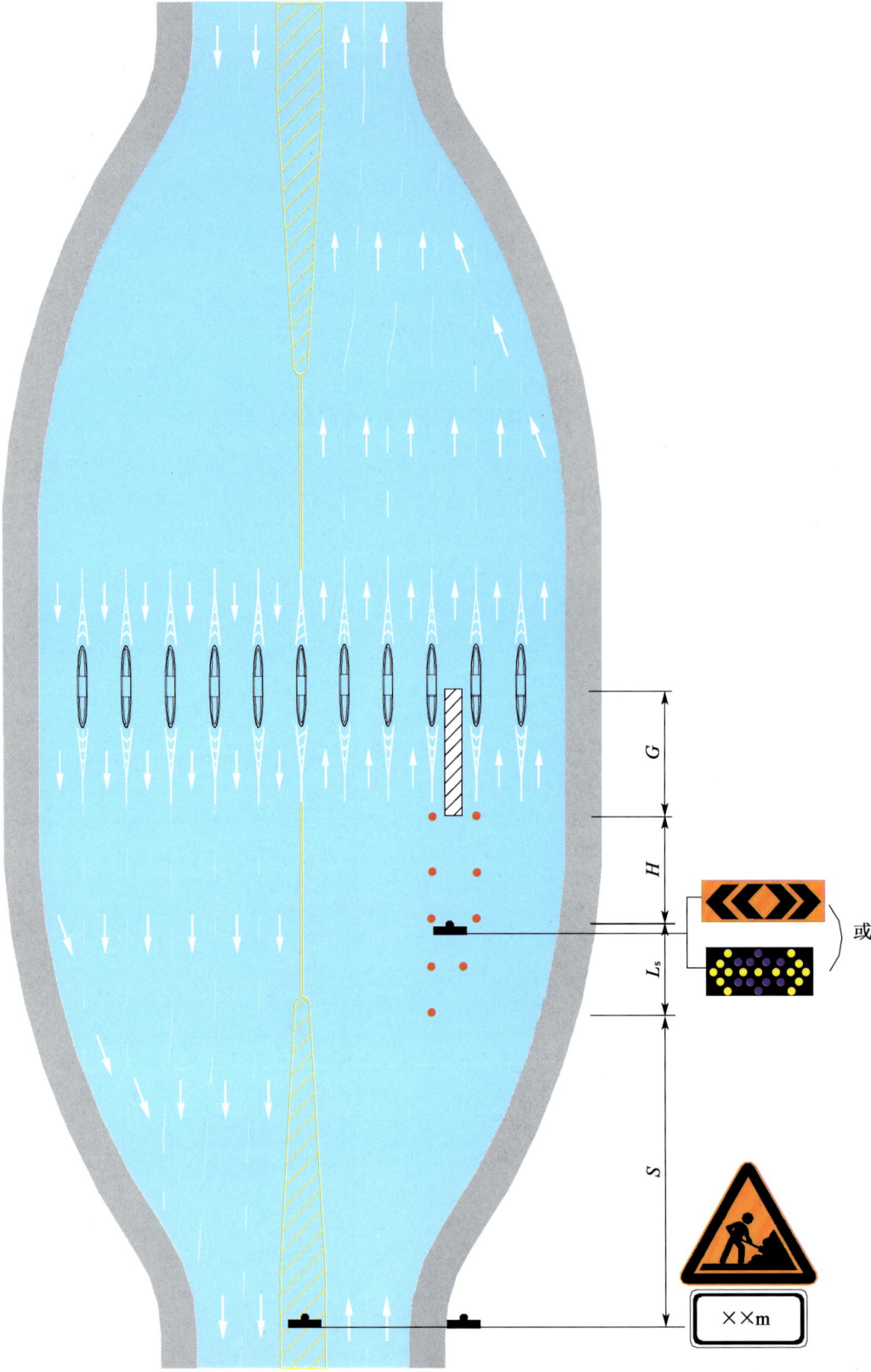

图 12.0.2-2　主线收费广场封闭入口中间车道养护作业

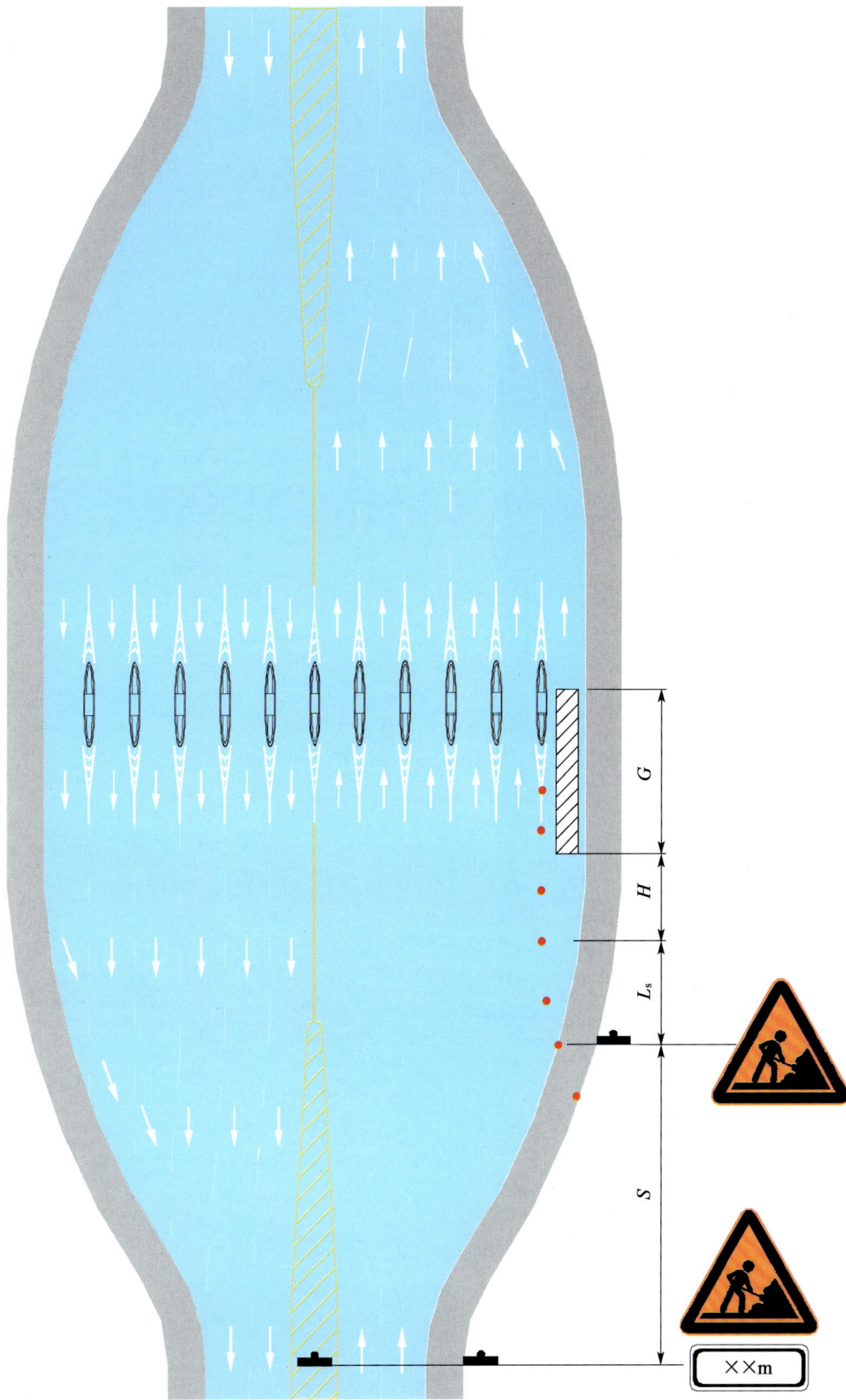

图 12.0.2-3　主线收费广场封闭入口外侧车道养护作业

2 工作区在收费车道出口处，可仅布置工作区和下游过渡区，并关闭对应的收费车道。作业控制区布置示例见图 12.0.2-4～图 12.0.2-6。

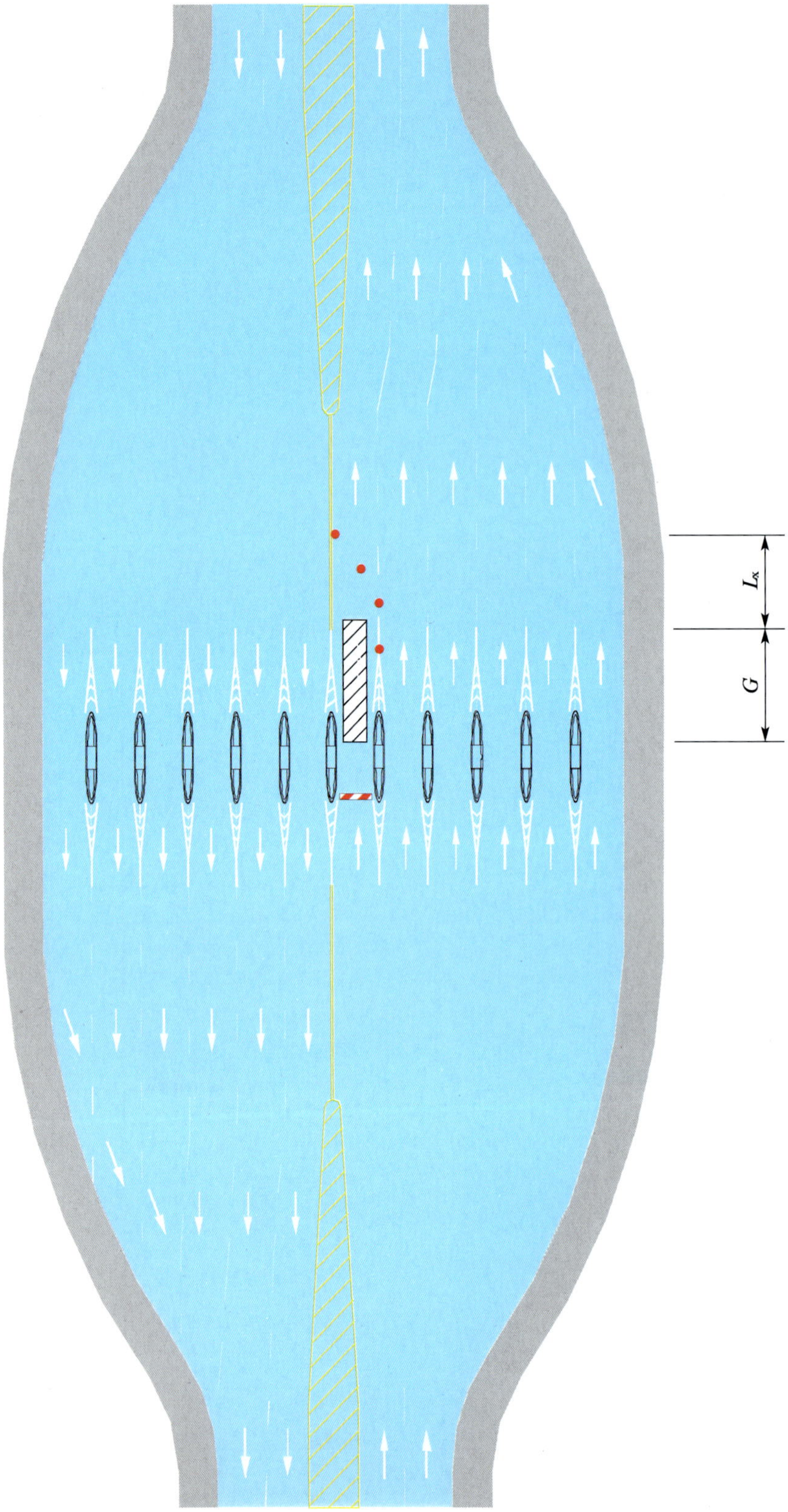

图 12.0.2-4 主线收费广场封闭出口内侧车道养护作业

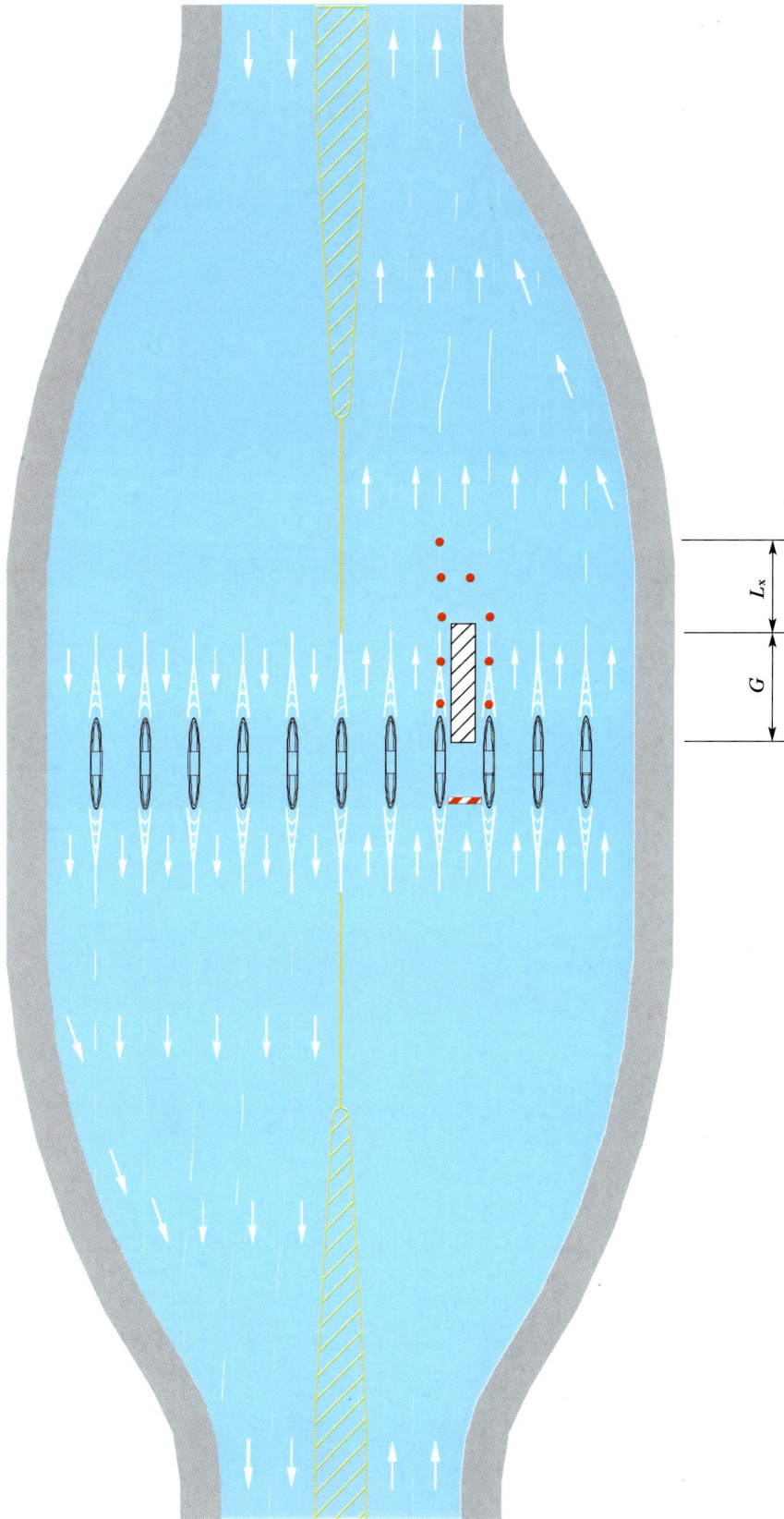

图 12.0.2-5　主线收费广场封闭出口中间车道养护作业

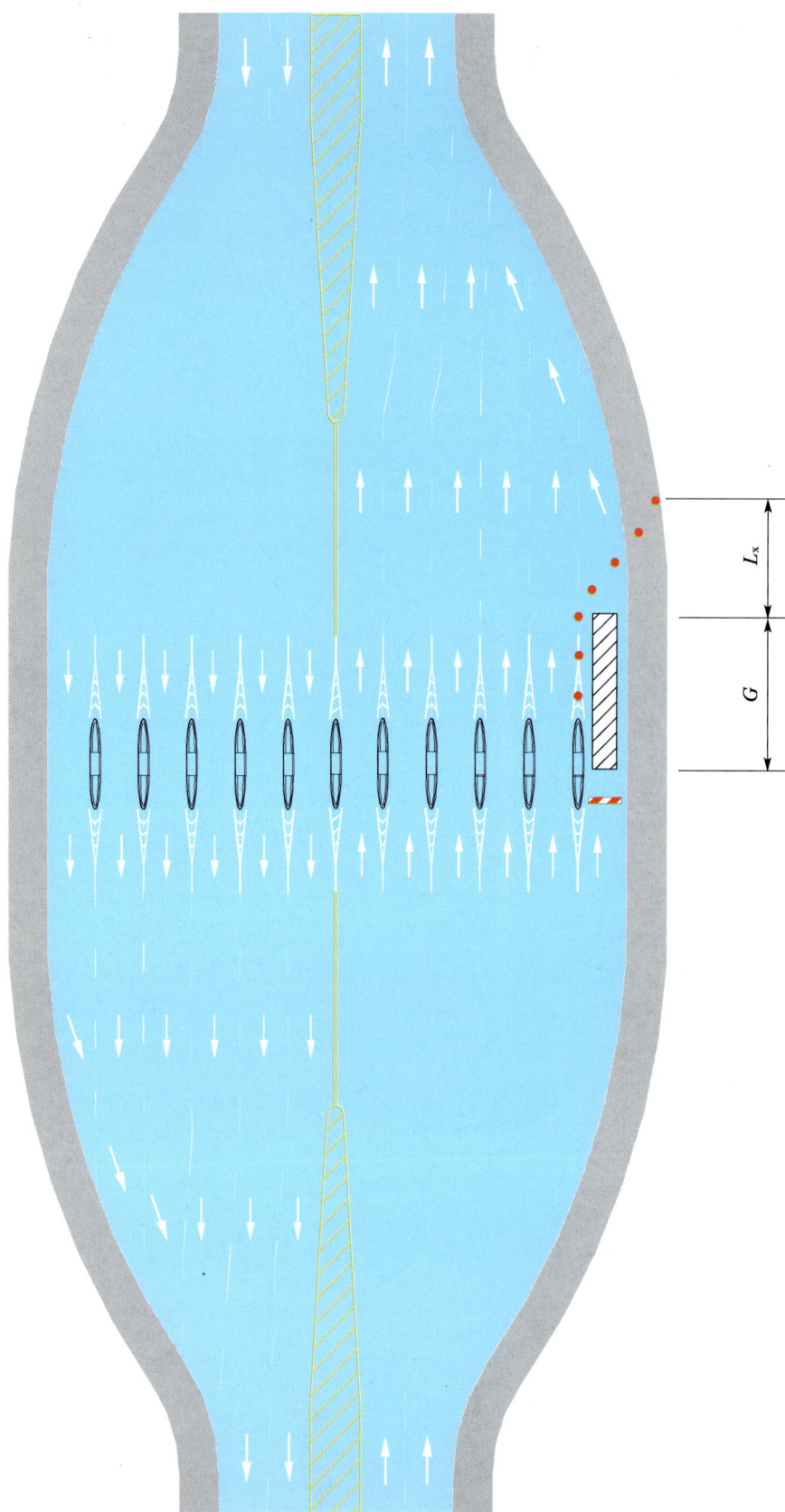

图 12.0.2-6　主线收费广场封闭出口外侧车道养护作业

12.0.3 匝道收费广场养护作业,应按作业位置确定作业控制区布置,并应符合下列规定:

1 匝道收费口前养护作业,应在匝道入口布设施工标志,并关闭养护作业的收费车道,上游过渡区和缓冲区长度均可取 10~20m。作业控制区布置示例见图 12.0.3-1、图 12.0.3-2。

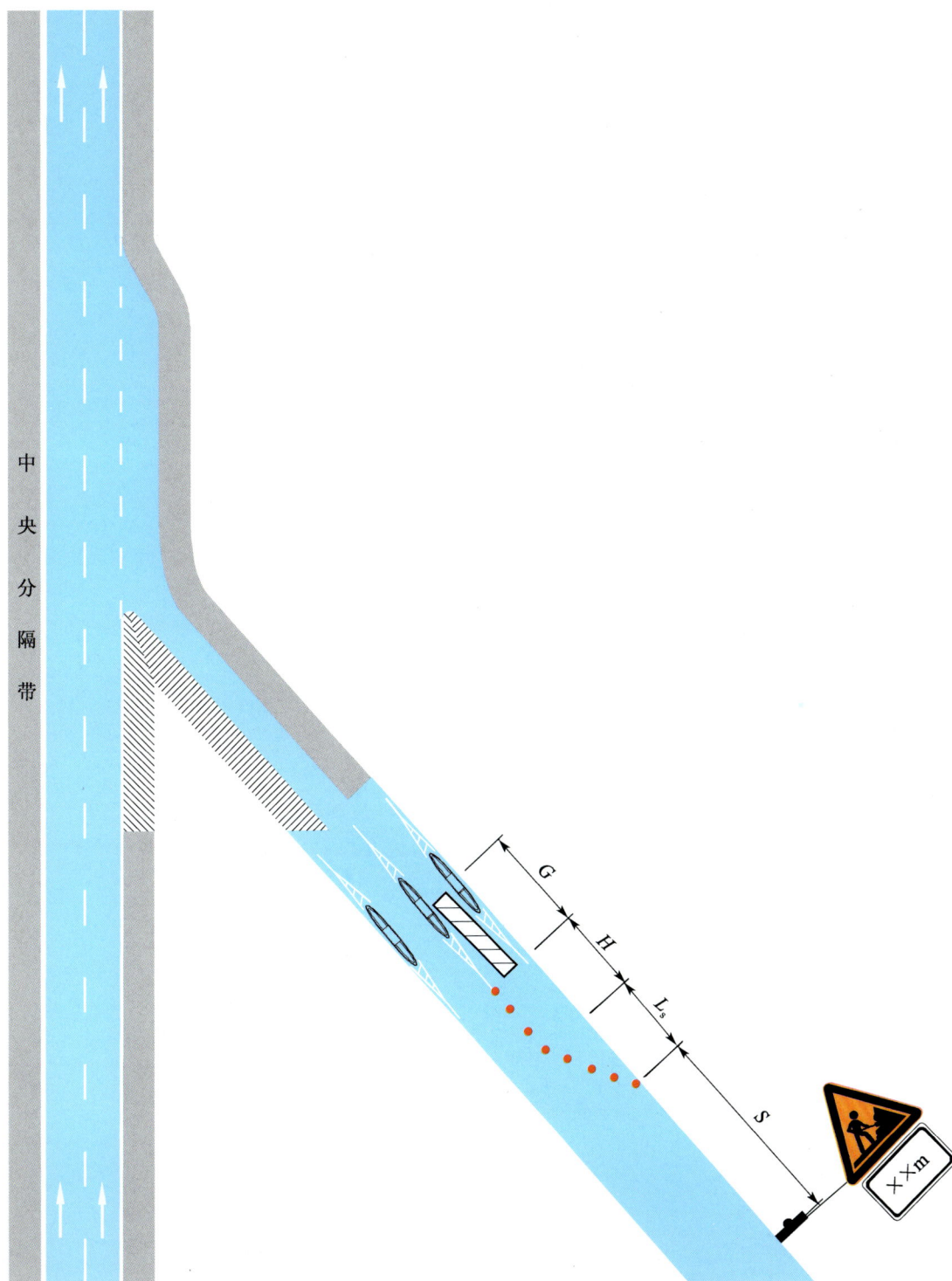

图 12.0.3-1 入口匝道收费广场封闭入口车道养护作业

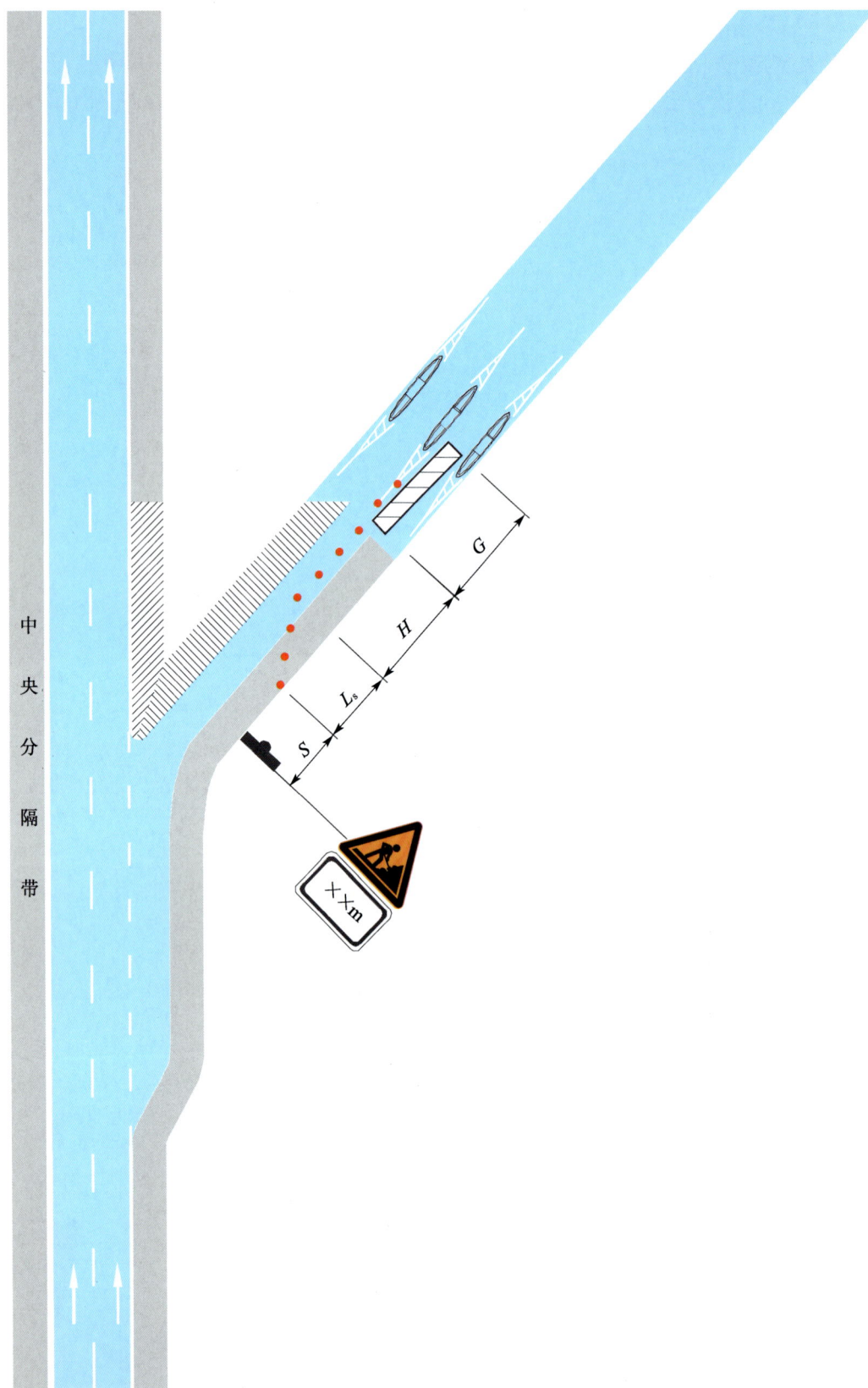

图 12.0.3-2　出口匝道收费广场封闭入口车道养护作业

2 匝道收费口后养护作业，应关闭对应的收费车道，并应布置下游过渡区，其长度可取 5~10m。作业控制区布置示例见图 12.0.3-3、图 12.0.3-4。

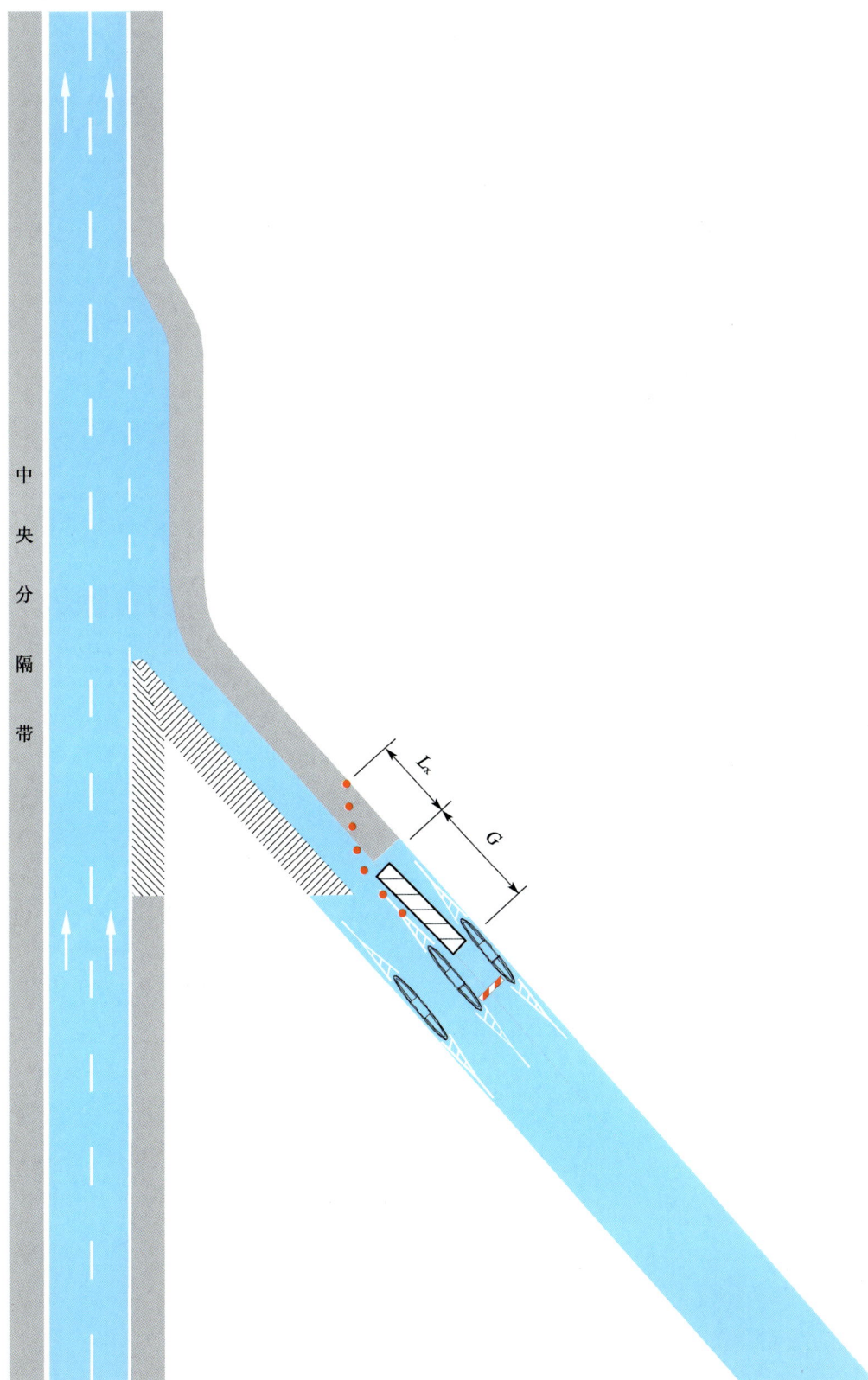

图 12.0.3-3　入口匝道收费广场封闭出口车道养护作业

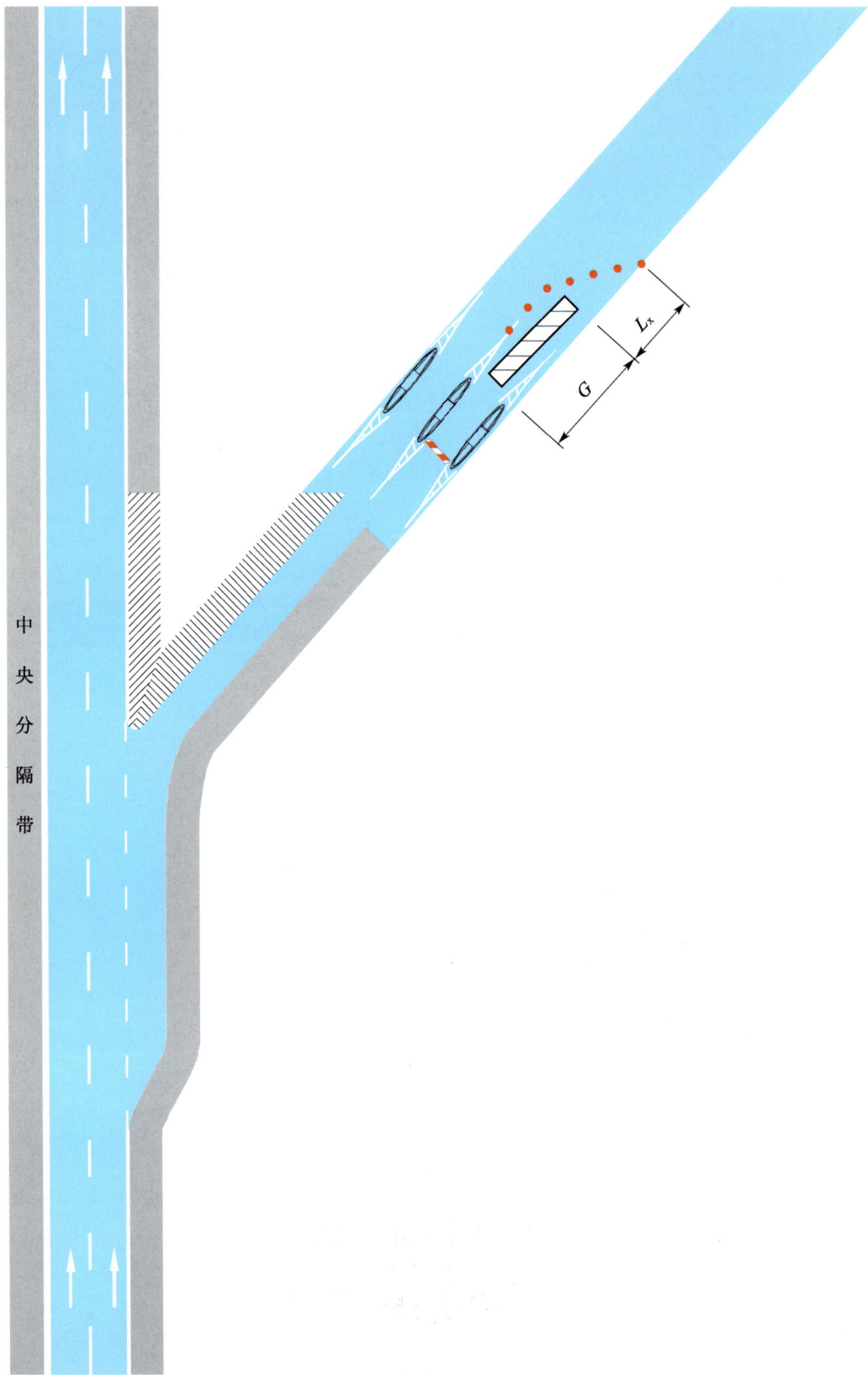

中央分隔带

图 12.0.3-4 出口匝道收费广场封闭出口车道养护作业

13 交通工程及沿线设施养护作业控制区布置

13.0.1 护栏、防眩板和视线诱导标养护作业，可按封闭内侧车道或封闭路肩的临时养护作业控制区布置，交通锥宜布设在车道分隔标线内侧，可布设移动式标志车。

13.0.2 交通标志养护作业，根据其所在的位置，可按封闭路肩或封闭车道的临时养护作业控制区布置，可布设移动式标志车。拆除交通标志时，必须保证原有标志的指示、警示等功能，可布设临时性标志。

13.0.3 交通标线养护作业，应充分考虑施划标线的位置，按移动养护作业控制区布置，可布设移动式标志车，划线车辆应配备闪光箭头。施划标线后，应沿标线摆放交通锥。并应符合下列规定：

1 同向车道分隔标线、车辆导向箭头、路面文字或图形标记的养护作业，应将移动式标志车布设在施工车辆后方 20~30m 处，移动式标志车尚应配备限速标志，限速值宜取 20km/h。作业控制区布置示例见图 13.0.3-1。

2 双向通行车道分隔标线的养护作业，应将移动式标志车布设在施工车辆之前，并应在施划标线的路段起终点布设施工标志。作业控制区布置示例见图 13.0.3-2。

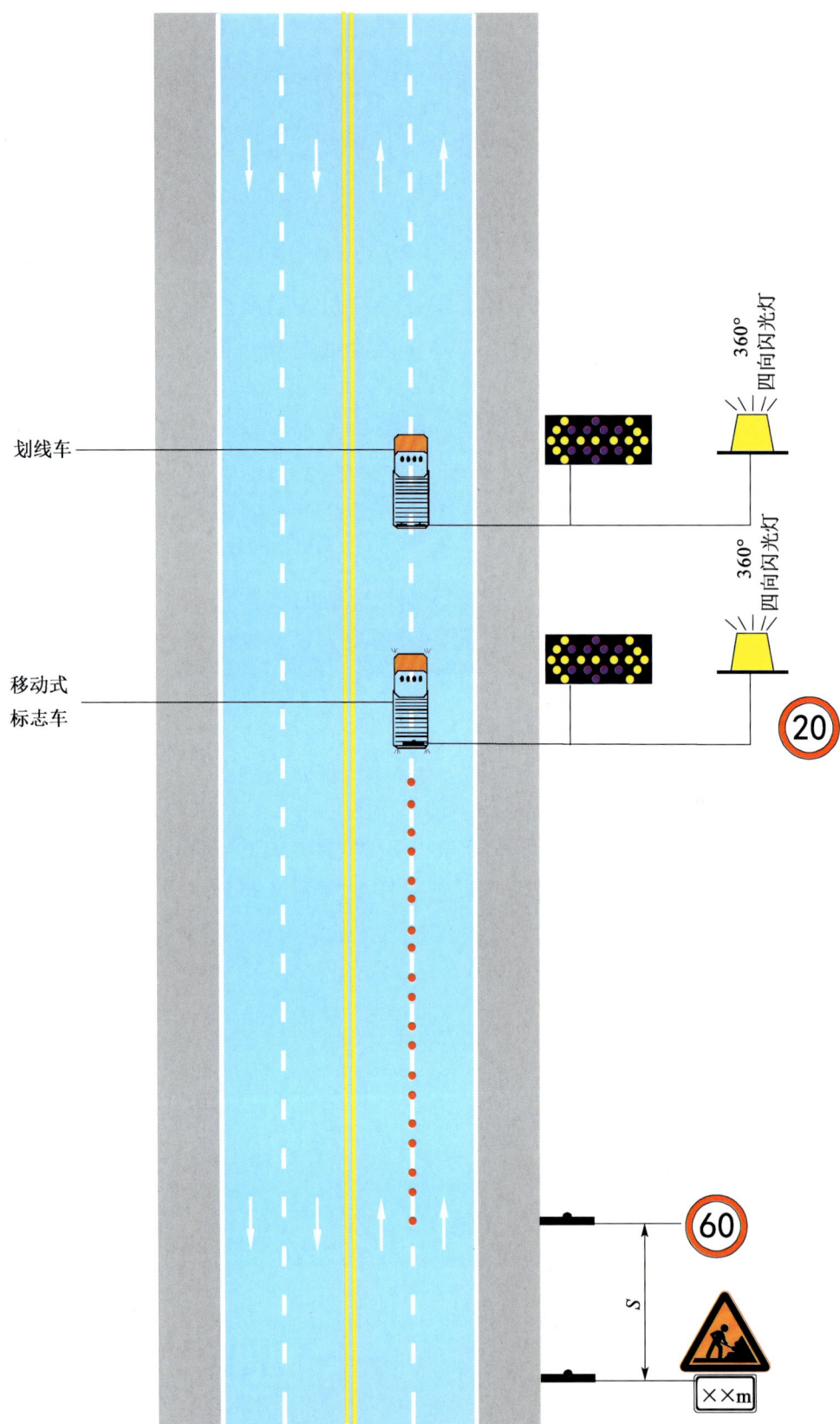

划线车

移动式
标志车

360°
四向闪光灯

360°
四向闪光灯

20

60

S

××m

图13.0.3-1　同向车道分隔标线养护作业

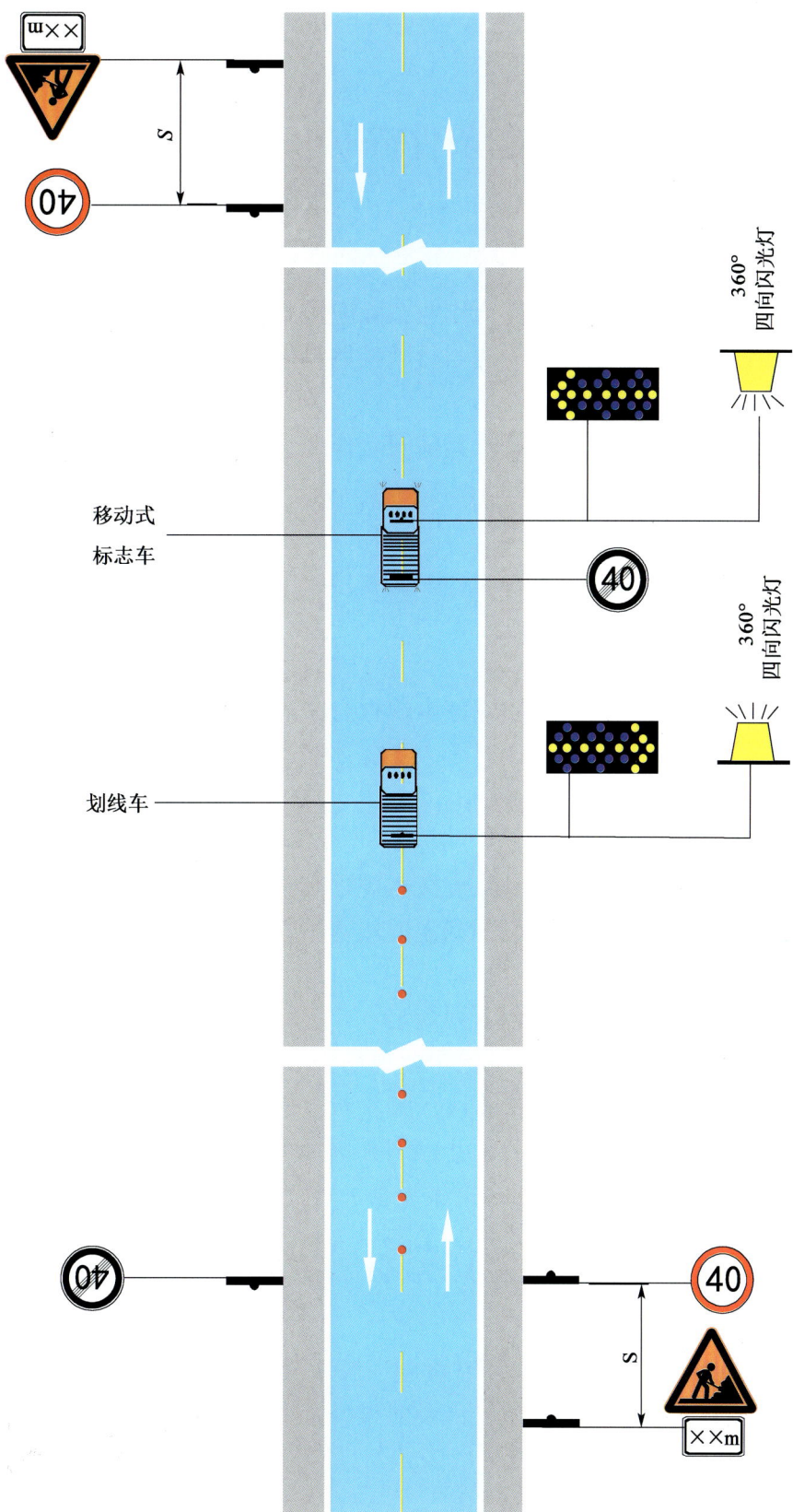

图 13.0.3-2　中间渠化交通标线的养护作业

14 特殊路段及特殊气象条件养护安全作业

14.0.1 穿城区、村镇路段养护安全作业，除应按相应的养护作业控制区布置外，尚应布设车道渠化设施，并采取强制限速与行人控制措施。

14.0.2 易发生地质灾害的傍山路段养护安全作业，除应按相应的养护作业控制区布置外，尚应设专人观察边坡险情。

14.0.3 路侧险要路段养护安全作业，除应按相应的养护作业控制区布置外，尚应加强路侧安全防护。

14.0.4 冬季除冰雪安全作业，除应按本规程有关规定执行外，作业人员及车辆尚应做好防滑措施，切实保障自身安全。对于人工除冰雪作业，尚应增设施工标志，且第一块施工标志与工作区净距应为 50~100m。

14.0.5 高温季节养护安全作业，除应按本规程有关规定执行外，尚应采取防暑降温措施，并适当调整作息时间，尽量避开高温时段养护作业。

14.0.6 雨季养护安全作业应符合下列规定：
1 应加强作业现场管理，及时排除作业现场积水。
2 应在人行道上下坡挖步梯或铺沙，脚手板、斜道板、跳板上应采取防滑措施，加强对临时设施和土方工程的检查，防止倾斜和坍塌。
3 应对处于洪水可能淹没地带的机械设备、施工材料等做好防范措施，作业人员应提前做好全面撤离的准备工作。
4 长时间在雨季中养护作业的工程，应根据条件搭设防雨棚，遇暴风雨时应立即停止养护作业。
5 暴雨台风前后，应检查工地临时设施、脚手架、机电设备、临时线路，发现倾斜、变形、下沉、漏电、漏雨等现象，应及时维修加固。暴雨台风天气除应急抢险、抢修作业外，严禁进行公路养护作业。

14.0.7 雾天及沙尘天气养护安全作业应符合下列规定：
1 除应急抢险、抢修作业外，严禁进行公路养护作业。

2 应急抢险、抢修作业时，应会同有关部门封闭交通，安全设施上应间隔布设黄色警示灯，相邻警示灯间距不应超过相邻交通锥间距的 3 倍。

14.0.8 大风天气养护安全作业应符合下列规定：

1 除应急抢险、抢修作业外，严禁进行公路养护作业。

2 应急抢险、抢修作业时，应防范沿线架设各类设施的高空坠落。

附录 A 公路养护安全设施图表

表 A-1 临时标志

标志名称	编码	标志图案	备注
施工标志	A-1-1		按国标的样式及尺寸
施工距离标志	A-1-2		尺寸参照 A-1-1，距离宜取警告区长度
施工长度标志	A-1-3		尺寸参照 A-1-1，长度宜取缓冲区长度与工作区长度之和
慢行标志	A-1-4		橙底黑图案，样式及尺寸按国标执行

续表 A-1

标 志 名 称	编 码	标 志 图 案	备 注
车道数减少标志	A-1-5		橙底黑图案，样式及尺寸按国标执行
改道标志	A-1-6		尺寸参照 A-1-1
导向标志	A-1-7		橙底黑图案，样式及尺寸按国标执行
出口指示标志	A-1-8	出口 ↗	按国标的样式及尺寸
重车靠右行驶标志	A-1-9	重车靠右行驶	长×宽＝1 200mm×400mm
重车靠右停靠区标志	A-1-10	重车靠右停靠区	长×宽＝1 200mm×400mm

续表 A-1

标 志 名 称	编 码	标 志 图 案	备 注
限速标志	A-1-11		按国标的样式及尺寸
解除限速标志	A-1-12		按国标的样式及尺寸
禁止超车标志	A-1-13		按国标的样式及尺寸
解除禁止超车标志	A-1-14		按国标的样式及尺寸
减速让行标志	A-1-15		按国标的样式及尺寸

注：国标指现行《道路交通标志和标线》（GB 5768）。

表 A-2 临 时 标 线

标 线 名 称	编 码	标 线 图 案	备 注
渠化交通标线	A-2-1		按国标的样式及尺寸
导向交通标线	A-2-2		按国标的样式及尺寸

注：国标指现行《道路交通标志和标线》（GB 5768）。

表 A-3 其他安全设施

设施名称	编码	设施图案	备注
交通锥	A-3-1		按国标的样式及尺寸
带警示灯的交通锥	A-3-2		按国标的样式及尺寸
防撞桶	A-3-3		长×宽×高 = 900mm × 540mm ×900mm
防撞墙	A-3-4		长×宽×高 = 1 500mm × 548mm ×900mm

续表 A-3

设 施 名 称	编码	设 施 图 案	备 注
隔离墩	A-3-5		长 × 宽 × 高 = 500mm × 400mm × 500mm，连接使用
附设警示灯的路栏	A-3-6		按国标的样式及尺寸
水马	A-3-7	 或 	红色或橙色等鲜明颜色，高度不低于40cm
夜间照明设施	A-3-8		灯光照射半径≥30m

续表 A-3

设 施 名 称	编码	设 施 图 案	备 注
夜间语音提示设施	A-3-9		录音喇叭
闪光箭头	A-3-10		长 × 宽 = 1 200mm × 400mm，蓝黑底，黄色箭头
警示频闪灯	A-3-11		黄色、蓝色相间闪光，可视距离≥150m
车辆闪光灯	A-3-12		360°旋转黄闪灯
临时交通控制信号设施	A-3-13		间隔放行使用
移动式标志车	A-3-14	大1 950mm、小1 600mm、微1 250mm 大800mm、小600mm、微400mm 公路 或	闪光箭头为黄色或橘黄色

续表 A-3

设 施 名 称	编码	设 施	备 注
移动式护栏	A-3-15		空心钢结构 2m/组或 4m/组
车载式防撞垫	A-3-16		依车型而定

续表 A-3

附录 B　公路养护安全设施及交通引导人员符号

表 B-1　公路养护安全设施及交通引导人员符号

符　号	符 号 名 称
	养护安全设施通用符号
	附设警示灯的路栏专用符号
	交通锥或其他车道渠化设施专用符号
	收费站栏杆
	工作区专用符号
	交通引导人员专用符号

本规程用词用语说明

1　本规程执行严格程度的用词，采用下列写法：

1）表示很严格，非这样做不可的用词，正面词采用"必须"，反面词采用"严禁"；

2）表示严格，在正常情况下均应这样做的用词，正面词采用"应"，反面词采用"不应"或"不得"；

3）表示允许稍有选择，在条件许可时首先应这样做的用词，正面词采用"宜"，反面词采用"不宜"；

4）表示有选择，在一定条件下可以这样做的用词，采用"可"。

2　引用标准的用语采用下列写法：

1）在标准总则中表述与相关标准的关系时，采用"除应符合本规程的规定外，尚应符合国家和行业现行有关标准的规定"；

2）在标准条文及其他规定中，当引用的标准为国家标准和行业标准时，表述为"应符合《××××××》（×××）的有关规定"；

3）当引用本标准中的其他规定时，表述为"应符合本规程第×章的有关规定"、"应符合本规程第×.×节的有关规定"、"应符合本规程第×.×.×条的有关规定"或"应按本规程第×.×.×条的有关规定执行"。

《公路养护安全作业规程》

（JTG H30—2015）

条 文 说 明

1 总 则

1.0.2 随着农村汽车保有量的飞速增长，四级公路的养护作业日渐重要，四级公路养护作业的安全性问题显现出来，有必要给出四级公路的养护作业安全控制指导标准。基于以上考虑，本规程将四级公路添加进适用范围。

1.0.3 公路养护作业控制区布置与作业管理需要考虑控制区布置的合理性，通过合理布置，保证控制区的作业人员、机械及过往交通的安全，并通过安全设施和交通引导人员的组合布设，达到对过往交通的有效管控；同时，养护作业控制区布置应在保证安全可靠的前提下，尽量采用易安装拆除的安全设施。故提出了布置合理、管控有效、安全可靠、便于实施的原则。

通过广泛的国内外文献分析和现场调研发现，公路养护安全作业的控制区布置与作业时间关系密切，借鉴国外先进的公路养护安全作业分类方法，充分考虑我国国情和公路养护实际，提出公路养护作业分类的规定。

3 基本规定

3.0.2 长期养护作业时间较长，安全设施需要较长时间保持在原位且完好，故规定宜采用稳固式安全设施并及时检查维护，而修建便道可进一步保证作业人员的安全；短期养护作业比长期养护作业时间稍短，短期内拆装稳固式安全设施将影响作业效率，在保证作业控制区不变的前提下，可采用易于安装拆除的安全设施；临时和移动养护作业的时间短，按照长期和短期养护作业控制区布设安全设施将影响作业效率，可简化。

3.0.3 公路养护作业对原有路段的通行效率带来一定影响，过多的安全设施布设会对过往交通带来更大的影响，综合权衡安全因素和通行效率，提出本条规定。

3.0.6 埋设或架设在公路沿线、桥梁上和隧道内的各种设施多种多样，损坏后可能影响养护作业安全。因此，在养护作业前，公路管理机构或经营管理单位、公路养护作业单位应了解各种设施的埋设与架设情况。对于公路养护作业可能损坏设施的情况，应在养护作业前联系设施相关管理单位，采取必要的保护措施。

3.0.8 公路养护作业控制区布置，可有效警示并引导车辆平稳通过养护作业区域，作业控制区内的安全设施被移动或移除时，可能导致过往车辆对作业控制区的误判，给作业人员和机械设备带来极大的安全隐患。因此，公路养护作业未完成前，任何人不得随意移除或改变养护安全设施的位置、扩大或缩小养护作业控制区的范围。

3.0.9 进入养护作业控制区人员的安全性与自身的可视性密不可分，应按有关规定穿着带反光标识的服装来保证自身的可视性。公路安全施工风险较大，如在桥梁、隧道、落石路段养护作业及应急抢险、抢修作业时，需要佩戴安全帽，以确保作业人员的自身安全。高速公路及一级公路车速快，为保证交通引导人员的安全，交通引导人员宜站在警告区非行车区域内。

3.0.11 摆放作业机械、车辆或堆放的施工材料侵占了作业控制区外的空间时，将严重影响过往车辆的正常行驶，车辆为躲避可能会冲进工作区或与其他过往车辆发生碰撞，造成严重的交通事故。

3.0.13 夜间养护作业可视效果不佳，且驾驶员可能存在疲劳驾驶，为引起过往车辆驾驶员的注意，应充分保证工作区的照明亮度，并布设警示频闪灯来引起驾驶员注意到前方的养护作业，以较高的警惕性顺利通过养护作业路段。

4　公路养护作业控制区

4.0.3　养护作业控制区的限速应采用逐级限速或重复提示限速的方法，以提高警告区的安全性和畅通性。根据国内外现场调研、逐级限速经验和模拟计算分析结果，提出每100m降低10km/h是合适的，同时考虑警告区标志牌的密集程度，提出相邻两个限速标志牌间距不宜小于200m。

为了提高隧道养护作业的安全性，最终限速值可降低10km/h或20km/h。当车速低于20km/h时，隧道内交通将受到严重影响，因此，最小限速值不宜小于20km/h。

4.0.4　在警告区，驾驶员从看到第一块施工标志后开始注意到前方存在养护作业区域，根据布设在警告区内的交通标志来调整行车状态。

警告区的最小长度根据公路等级、设计速度和交通量确定，其中交通量可用养护作业路段在无养护作业时的断面高峰小时交通量除以养护作业剩余车道数计算。

警告区的最小长度由下列因素决定：①车辆在警告区内改变行车状态所需要的时间；②警告区末端车辆发生拥挤时的最大排队长度。警告区的最小长度可以由下式来估算：

$$S = S_1 + S_2 + S_3 \qquad (4\text{-}1)$$

式中：S——警告区最小长度（m）；

S_1——从正常行驶降至最终限速值所需的距离（m）；

S_2——车辆到达警告区排队尾部时的最小安全距离（m）；

S_3——因封闭车道、车道数减少、行车条件改变等因素引起的车辆排队长度（m）。

警告区布设逐级限速标志，限速区域长度 S_1 可按下式计算：

$$S_1 = \frac{v_{xq} - v_{xh}}{10} \times 100 \qquad (4\text{-}2)$$

式中：v_{xq}、v_{xh}——分别为限速前、后的车辆行驶速度（km/h）。

S_2 是以速度 v_{xh} 行驶的后续车辆在到达警告区下游不会与前面的改道车辆或排队车辆相撞的最小安全距离，可以按下式计算，计算值列于表4-1中。

$$S_2 = \frac{v_{xh}}{3.6}t + \frac{v_{xh}^2}{2g(\varphi \pm i) \times 3.6^2} \qquad (4\text{-}3)$$

式中：t——驾驶员反应时间，通常取2.5s；

φ——道路纵向摩阻系数，取值范围0.29~0.44；

i——道路纵坡，上坡取"＋"，下坡取"－"；

g——重力加速度，取 9.8m/s^2。

表4-1 S_2 计 算 表

车速（km/h）	80	70	60	40	20
S_2（m）	139	113	90	50	20

S_3 是因为车辆拥堵而产生的排队长度，和交通流量与最终限速值有关。但研究发现，最终限速值对排队长度影响不明显，如图4-1所示。在确定警告区 S_3 长度时，应综合考虑平均排队长度及最大排队长度。在流量较小时，车速较快，排队长度应着重考虑最大排队长度；在流量较大时，车流发生拥挤车速较慢，可着重考虑平均排队长度。高速公路的排队长度见表4-2。其他等级的公路也可根据同样方法确定。

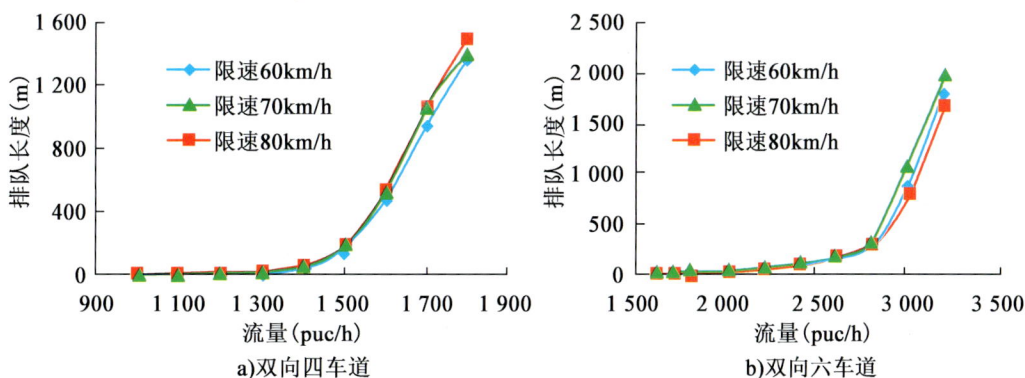

图4-1 排队长度与交通流量和限速值的关系图

表4-2 S_3 取 值 表

车 道 形 式	流量 Q [pcu／(h/ln)]	S_3（m）
双向四车道	$Q \leqslant 1\,400$	400
	$1\,400 < Q \leqslant 1\,600$	1\,000
	$1\,600 < Q \leqslant 1\,800$	1\,200
	$> 1\,800$	—
双向六车道	$Q \leqslant 2\,800$	400
	$2\,800 < Q \leqslant 3\,100$	1\,000
	$3\,100 < Q \leqslant 3\,500$	1\,300
	$> 3\,500$	—

根据 S_1、S_2 和 S_3 可以计算不同公路等级、交通量、限速情况下的警告区最小长度。

4.0.5 当封闭车道养护作业时，为了防止车流在改变车道时发生冲突，应设置一个改变车道的过渡区，使车流的变化缓和、平滑。过渡区分为上游过渡区和下游过渡区。

上游过渡区的长度确定是否合理，可以直接在现场观察出来。若车辆在通过过渡区时经常有紧急制动或在过渡区附近拥挤较为严重，则有可能是前方的交通标志布设不当或上游过渡区长度过短。

对于封闭路肩养护作业，因车辆正常行驶时，很少会行驶至路肩，即使少量车辆在路肩上行驶，通过较短的过渡区长度仍可换回至行车道，所以封闭路肩养护作业的上游过渡区长度可比封闭车道养护作业的情况明显缩短。根据现场调研及分析研究发现，封闭路肩作业时上游过渡区长度取封闭车道上作业时上游过渡区长度的1/3即可满足要求。

4.0.6 纵向缓冲区是上游过渡区与工作区之间的一个区段，它的设置主要考虑到如果驾驶员判断失误，有可能直接从上游过渡区闯入工作区，造成养护作业人员伤亡或设备的损坏。纵向缓冲区可以提供一个缓冲区段，给失误车辆提供调整行车状态的余地，避免发生更严重的事故。

横向缓冲区位于纵向缓冲区和工作区侧面，用于保障养护作业人员和设备的横向安全。

4.0.7 工作区长度过大时，将对交通造成严重的影响，产生交通堵塞，甚至导致交通瘫痪。本规程基于安全保通的理念，提出了工作区最大长度的要求。结合大量现场调研和模拟计算分析，发现工作区最大长度超过4km时，车辆延误时间过长，驾驶员普遍难以接受，故本规程提出工作区最大长度不宜超过4km。

4.0.8 下游过渡区是将车流引入正常行驶状态的一个区段。下游过渡区布置合理将有利于交通流的平滑。下游过渡区的长度只要保证车辆有足够的长度调整行车状态即可。调研和实地试验发现，在下游过渡区超过30m后，各种速度的车辆均可由工作区平稳过渡到终止区，故下游过渡区长度不宜小于30m。

5　公路养护安全设施

5.0.2　以国标《道路交通标志和标线》（GB 5768）为基础，选出了若干种适用于公路养护作业的标志，并根据养护作业需要，在国标基础上做出了丰富。

5.0.5　为使表述更加简单明确，本规程将锥形交通路标、附设施工警示灯的护栏更名为交通锥和附设警示灯的路栏。通过现场调研和分析研究，优化了交通锥的布设间距。同时，本规程新增了水马的技术要求和布设规定。

5.0.6　为减少炫光，保证工作区的可视效果，提出了照明设施的方向。为增强养护作业警告区的警告效果，本规程新增了语音提示设施的技术要求和布设规定。

5.0.7　本规程将施工警告灯更名为警示频闪灯。为增强闪光设施的警示效果，补充了警示频闪灯的颜色等。同时，增加了闪光箭头和车辆闪光灯两种闪光设施。

5.0.8　为保障公路养护作业控制区的交通安全保通效果，本规程提出了临时交通控制信号设施的技术要求和布设规定。

5.0.10～5.0.11　为进一步保障养护作业人员、设备及过往车辆的安全，本规程提出了移动式护栏和车载式防撞垫两种安全设施的技术要求和布设规定。

6 高速公路及一级公路养护作业控制区布置

6.1 一般规定

6.1.2 高速公路及一级公路养护作业控制区采用两侧差异化的布置方法，两侧需要的信息不对称，有利于驾驶员提前变道，提高了过往车辆的安全保通效果，并减少了标志过多造成的信息混乱。

6.1.3 当同时进行养护作业的断面间距较小时，车辆通过上游作业控制区后，速度尚未恢复到正常行驶的速度就需再次降速并改变车道，车辆在通过不同断面时需要不断改变车道，行驶轨迹成了"S"形，存在容易发生车祸等安全隐患。必须同时进行养护作业时，为提高交通的安全保通效果，相邻两个作业控制区的布置间距要足够大，让车辆有一个平稳过渡的距离，故提出了相邻两个工作区最小净距的要求。最小净距应大于高速公路养护作业的下游过渡区、终止区和警告区最小长度之和2 060m，才能避免两个养护作业控制区直接相连；同时，为使车辆排队状态充分恢复到正常行驶状态，预留3km 的排队调整距离，故给出了5km 最小净距的要求。

6.1.4 养护作业需借用对向车道通行时，若被借用车道上也有养护作业且距离较近，则会对交通产生极大影响，造成严重交通拥堵，故提出了养护作业控制区与被借用车道上的养护作业控制区最小净距的要求。

6.2 养护作业控制区布置

6.2.2 六车道及以上公路的中间车道需要养护作业时，若单独封闭中间车道，开放两边车道，则会给在作业控制区内的作业人员造成心理压力，安全隐患较大。因此，宜同时封闭相邻一侧车道。

6.2.3 借用对向车道通行的高速公路及一级公路养护作业，中央分隔带的开口长度有限，难以保证长大车辆正常通行，应在前一出口或平面交叉口布设长大车辆绕行标志，以提醒长大车辆分流通行。

6.2.5 由于临时养护作业时间较短，对交通的影响不大，故作业控制区可采用单一限速方法，并可减小警告区长度，在保障作业人员安全的同时，可有效提高工作效率。

7 二、三级公路养护作业控制区布置

7.2 养护作业控制区布置

7.2.4 为保证车辆以较平稳的状态通过弯道路段，一般将上游过渡区或下游过渡区布置在直线段，避免车辆在弯道上变换车道。

连续弯道和反向弯道路段养护作业，为保证警告区第一块标志牌的可视效果，宜将第一块标志牌布设在弯道前直线段，但第一块标志牌提前距离太多容易给驾驶员造成标志误摆的错误判断，故规定了最大前移距离。

回头弯道路段养护作业，为保证车辆平稳通过回头曲线段，故规定将回头曲线段围挡作为缓冲区。

7.2.5 纵坡路段养护作业时，因坡顶纵坡发生变化而引起视距不良，该位置应配备交通引导人员引导交通。对于下坡路段养护作业，车辆制动效果受纵坡影响较大，为保障工作区的安全，应在适当位置布设防撞桶、水马等防撞安全设施。

7.2.7 人工移动养护作业危险性较大，故提出人工移动养护作业宜封闭一定区域按临时养护作业执行的规定。

8　四级公路养护作业控制区布置

8.2　养护作业控制区布置

8.2.2　单车道四级公路封闭车道养护作业时，为防止相向行驶的车辆在工作区会车而影响安全，故在工作区两端的错车台或平面交叉处配备交通引导人员，引导过往车辆顺利地通过养护作业路段。

8.2.3　四级公路养护作业需全封闭时，为避免车辆靠近工作区后难以回转，故在工作区两端的平面交叉布设"道路封闭"施工标志。但调研发现，四级公路难以长时间封闭，故给出了车辆等待时间不宜超过2h的规定。

9 桥涵养护作业控制区布置

9.1 一般规定

9.1.3 桥梁均有承重要求，公路养护可能会造成车辆在桥梁上排队，如果重载车辆过多，将可能损及桥梁的受力结构，故提出布设"重车靠右停靠区"的规定。

9.2 养护作业控制区布置

9.2.2 中、小桥养护作业封闭整条作业车道作为工作区，可避免车辆在桥上改变车道，降低事故发生的概率，且不会对交通产生显著影响。

9.2.3 桥头跳车是桥梁存在的普遍现象，特大、大桥养护作业，当工作区距离桥头小于300m时，桥头位置可能处在上游过渡区范围内，上游过渡区为车辆变换车道的路段，遇到桥头跳车将影响车辆行驶安全，故规定将缓冲区起点提前至桥头。当工作区距离桥头大于或等于300m时，上游过渡区已全部在桥面上，故可按正常路段布置养护作业控制区。

10 隧道养护作业控制区布置

10.1 一般规定

10.1.3 隧道养护作业时，缓冲区与工作区的亮度是影响作业安全的重要因素，故提出了照明应满足养护作业照明要求。

10.1.4 隧道内光线较差，驾驶员不易分辨养护作业人员和机械设备，容易引发交通事故，故提出了养护作业人员穿着、机械设备和施工台架技术要求。

10.2 养护作业控制区布置

10.2.2 由于隧道内光线较差，无论在洞内哪个断面布置作业控制区，均应加强洞口的养护作业提示和警示。

对于长度不超过1km的单洞双向隧道养护作业，为保证隧道内的安全，应将作业车道全长封闭，双向交替通行，可有效避免车辆在隧道内的会车、分流现象，大大提高隧道内通行车辆的安全性。

10.2.6 对于特长、长隧道养护作业，当工作区起点距隧道口超过1km时，从洞口开始封闭会导致养护作业控制区过长，引起严重的交通延误和堵塞。故养护作业控制区应按相应等级公路养护作业控制区进行布置。由于隧道内光线较差，宜采用电子显示屏提示作业信息，提高可视性。

10.2.7 隧道内光线和可视性较差，移动养护作业宜选择机械移动养护作业。

11 平面交叉养护作业控制区布置

11.1 一般规定

11.1.2 当工作区上游存在交叉，且上游交叉距工作区距离小于最小警告区长度时，因车辆行驶至上游交叉时，会自动减速观察慢行，可不将警告区布置在上游交叉前。

11.2 养护作业控制区布置

11.2.4 十字交叉养护作业的被交道为四级公路时，因四级公路交通量小，车速慢，可简化被交道上作业控制区的布置。

11.2.10 平面交叉移动养护作业停留时间短，与常规路段养护作业差异不明显，可按常规路段养护作业有关规定布置控制区。

22

12　收费广场养护作业控制区布置

12.0.2　在有过渡段的收费广场，由于原有的交通管控措施与一般路段有所不同，如限速、停车缴费等，养护作业控制区布置时，可采取关闭收费通道等措施对养护作业控制区布置进行适当简化。

13 交通工程及沿线设施养护作业控制区布置

13.0.3 与一般路段移动养护作业相比，交通标线施工速度慢，标线施划后需一定时间的固化养生，故在施划标线后，应沿标线摆放交通锥，防止车辆碾压标线。此外，中间渠化交通标线养护作业时，对两侧车辆行驶均会造成影响，故需采取双侧导流交通的方法。

14 特殊路段及特殊气象条件养护安全作业

14.0.1 穿城区、村镇路段的公路养护作业与一般路段存在较大的差异，机非混行、行人流量大，这类路段交通量一般较大，交通组成复杂，为保障作业人员、行人等的安全，故提出强制限速、渠化等要求。